MEISJESDROMEN

Willem Vissers

Meisjesdromen

Van EK-debuut tot WK-finale in tien jaar

INSIDE

Inside ©2019
© Willem Vissers
Coverfoto: ANP
Omslagontwerp: Loudmouth, Utrecht
Typografie: Crius Group, Hulshout

ISBN 978 90 488 5347 2
ISBN 978 90 488 5348 9 (e-book)
NUR 489

www.overamstel.com

OVERAMSTEL
uitgevers

Inside is een imprint van Overamstel uitgevers bv

Inhoud

Voorwoord Vera Pauw

Het is 8 juli 2019, 6:00 uur, de ochtend nadat Nederland de finale van het WK in 2019 tegen Amerika heeft verloren met 2-0. Ik besef dat de emotionele rollercoaster waarin we hebben gezeten voorbij is. Dit was het dan, dit was waarom het altijd is gegaan. Bij het volkslied hield ik het niet droog, nou ja, eigenlijk die hele dag hield ik het steeds weer niet droog. En ik bleek niet de enige.

Maar wat was het dan dat me zo emotioneerde? Ik ben er nog niet helemaal achter. 30 jaar voetbalverleden kwam door. Niet serieus genomen worden, uitgelachen worden, soms ook wel gerespecteerd worden. Ook de strijd voor de uitbreidingen van het aantal landen voor de eindrondes van het EK en WK kwam langs. Wist u dat anders Nederland niet eens gekwalificeerd zou zijn geweest voor dit WK? Kunt u het zich voorstellen? Onze Oranje Leeuwinnen, finalisten, hadden niet meegedaan! We kunnen het ons niet eens voorstellen.

Gelukkig doorkruisten ook hele mooie herinneringen mijn gedachten, zoals mooie overwinningen, het kort geding Van

Nicole Delies om het gemengd voetbal ook in de landelijke A-competitie door te kunnen voeren, de opzet van de eredivisie en alle structuren daaromheen. Maar ook de prachtige wedstrijden die alle voorgangsters in de anonimiteit hebben gespeeld.

De gezamenlijke strijd bracht ons dicht bij elkaar. En daar ging tijdens het EK van 2009 ineens Willem Vissers bij horen. Niet direct, maar wel als maatje in de groei naar erkenning. Tijdens dat EK groeide onze band van afstandelijk totdat we elkaar ineens een knuffel gaven nadat Nederland was uitgeschakeld, 4 minuten voor het einde van de verlenging van de halve finale tegen Engeland, 2-1. Brons, nét geen finalist, maar wél de A-status van NOC*NSF. Wat was dat mooi! Voor de weg naar de wereldtop waren alle voorwaardelijke stappen genomen. We waren de huiskamers ingeslingerd, de eredivisie was gered. De prestatie tijdens het EK was die laatste missing link.

Nu ging het om doorgroeien. Wedstrijden op niveau spelen. Weer kwalificeren. Voor het WK kwalificeren, beter gaan voetballen. De generatie die het hele jeugdvoetballeerproces had doorlopen vrij baan geven. Het leidde tot een prestatie van wereldformaat tijdens dit WK. Een explosie van erkenning ging eraan vooraf, een emancipatiegolf van vier weken.

Ik voel het resultaat. We kennen nu de plek van meisjes voor het WK en die van na het WK. Het voetballen heeft meisjes, jongens, mannen én vrouwen 'pluriform' naar de prestaties van meisjes en vrouwen leren kijken. Ineens wordt het individu be- en veroordeeld, in plaats van een kwalificatie voor ons als geslacht. Die óf badinerend was bedoeld, óf massaal ondersteunend. Maar nooit meer zullen alle meisjes en/of vrouwen op één hoop worden gegooid. Dat is mijn hoop, nee, dat is wat is gebeurd! Ik denk dat dát ons allemaal zo emotioneert. Met dank ook aan de verslaglegging.

Willem heeft die laatste tien jaar van het proces gevolgd en verslagen voor de Volkskrant. Ook hij werd eerst uitgelachen door zijn collega's en later erkend. Zonder zijn mooie, maar vooral eerlijke stukken, zou dit proces, deze geschiedenis, niet zijn vastgelegd. Dit boek neemt u aan de hand mee langs de ontwikkelingen in het voetballen door vrouwen op het hoogste niveau in Nederland, vanaf de laatste missing link in de structuur, de prestaties tijdens het EK in 2009, tot aan de finale van tien jaar later in een kolkend Olympisch Stadion van Lyon.

Willem, dank je wel dat je je nek voor ons hebt uitgestoken, dat je stoïcijns onze sport wél de moeite waard vond om te volgen, dat je oprecht geïnteresseerd was in wat we deden, hoe we dat deden en waarom we het zo deden. En vooral dat je altijd respect hebt getoond voor de dromen van speelsters. Dat je in ons geloofde! En dat wij jou tot in onze voetbalschoenen vertrouwen!

Heel veel plezier bij het lezen van het boek. Een prachtig document!

Vera Pauw is voormalig bondscoach. Ze geldt als de pionier van het vrouwenvoetbal in Nederland.

Inleiding

Arbeidscollectief met een lach
Lyon, 7 juli 2019

Eerst dacht ik dat uitgeverij Overamstel 'Meisjesdromen, van EK-debuut tot WK-finale in tien jaar' alleen wilde uitgeven na de wereldtitel van Nederland. Maar nee, de vrouwen hoefden niet eens kampioen te worden. De finale bereiken was al bijzonder genoeg.

Tien jaar geleden reisde ik uit nieuwsgierigheid mee met de nationale ploeg, die debuteerde op een EK, in Finland. Het was niet dat ik zo'n goed voetbal verwachtte, maar omdat ik houd van procesbeschrijving. Tien jaar later keek Nederland massaal naar het WK met Oranje, waar de tweede plaats het maximaal haalbare resultaat was, na de kansloze nederlaag tegen de Verenigde Staten (2-0). In tien jaar van ongeziene sporters naar de door 5,5 miljoen mensen bekeken finale.

Nee, ze hoefden geen grachtentocht bij de tweede plaats, hadden de spelers al vooraf gesteld. Ze voeren al eens door de grachten, na de zege op het EK, twee jaar geleden. Dat was overweldigend mooi. Al die duizenden op de kade. Toenmalig aanvoerder Sherida Spitse kijkt nog weleens naar de beelden. Maar een feest is voor winnaars. Althans, dat vinden zij, de vrouwen.

En zij zijn winnaars, al verloren ze dan de finale. De vrouwen van de nationale ploeg voetbalden lang niet altijd goed en mooi tijdens het WK in Frankrijk. Sterker, vaker voetbalden ze helemaal niet mooi, in de zin van vloeiend of esthetisch hoogwaardig. Dat kwam volgens bondscoach Sarina Wiegman ook omdat de tegenstanders Nederland veel beter hadden geanalyseerd dan voorheen, omdat Oranje derhalve minder ruimte kreeg en omdat de opponenten beter waren dan op het EK, afkomstig vanuit een andere, niet-Europese cultuur. Japan, Canada en de Verenigde Staten staan hoger op de wereldranglijst. Dan is het logisch dat het moeilijker gaat.

Daarmee heeft Wiegman een punt. Bovendien: stel dat Oranje eens echt goed gaat voetballen, ja wat dan, waar blijft de rest van de wereld dan? Voetballand Nederland, met zijn geweldige faciliteiten, zijn structuur en zijn lange, voor sport zo geschikte vrouwen (en mannen), kan dan standaard top zijn. Met zijn grote, nog steeds groeiende arsenaal spelers, al is de rek een beetje uit de aanwas.

Maar wat een heerlijke, ambitieuze ploeg is Oranje. Altijd bezig met beter worden, met leren, van zichzelf en van anderen, van de trainer en van elkaar. En bijna altijd met een lach op het gezicht. Samen de strijd aangaan. Alles geven, met doorgaans sportieve middelen. Dan kun je winnen of verliezen. Dat is de essentie van sport. Het WK was wat dat aangaat het Grote Genieten, ook voor degenen die mochten kijken in de keuken en meereisden in het kielzog van het elftal.

Een vrolijk arbeidscollectief was Nederland tijdens het avontuur in Frankrijk. Geen onvertogen woord viel. Een rel? Wat is dat? Ontevreden spelers? Ja, heel liefjes, bedekt onder masserende woorden. Het WK is een voorlopig hoogtepunt op de imponerende, moeilijke weg die het Nederlandse vrouwenvoetbal aflegde, van het debuut bij het EK van 2009 in Finland tot de finale van het WK in 2019 in Lyon. Dat was ook wat buitenlandse journalisten vooral wilden weten in de aanloop naar de finale. Verslaggevers uit Chili, Noorwegen of Brazilië. Hoe kon het in vredesnaam dat Nederland finalist was op zijn pas tweede WK?, vroeg de Braziliaan, de man uit het land dat bij de vrouwen finalist was in 2007 in China, ondanks Marta en al die andere sterren.

En de Noor snapte het ook niet. Noorwegen had Nederland in de kwalificatie toch naar de tweede plaats verwezen, en naar een hachelijke herkansing via de play-offs? Wiegman antwoordde hem dat de nederlaag Oranje deed ontwaken uit de euforie sinds het EK. Dat verhaal hoorde je vaker, ook van speelsters. Want natuurlijk heeft de Europese titel veel veranderd. Lieke Martens, Vivianne Miedema en Shanice van de Sanden tekenden voor vrouwen grote contracten met een paar ton salaris, ze waren populair en hip.

Niet dat de rest groen zag van afgunst, maar de verhoudingen veranderden. En dus spraken ze openlijk na 'Noorwegen-uit', dat ze moesten terugkeren naar de basis van nederigheid en opofferingsgezindheid. Dat is ze aardig gelukt op het WK, met de bescheiden, perfectionistische bondscoach die ook nog eens lief is, zoals Daniëlle van de Donk dat zo mooi zei. Wiegman is zoals je een ouder wenst. Streng doch rechtvaardig, met gevoel voor verhoudingen en openstaand voor problemen. Hard, maar met mededogen. Gedisciplineerd, maar met gevoel voor het moment.

Het WK is dus een prachtige tussenstap in een traject dat nog lang niet voorbij is, een weg vol anekdotes, verhalen, kansen en onmogelijkheden. Een traject van uitgekomen meisjesdromen. Linksachter Merel van Dongen schrijft als kind dus een brief aan Ajax. Waarom mag ze niet aan de talentendag meedoen? Ze krijgt een brief terug. Nou ja, ze is meisje. Meisjes kunnen geen prof worden. Zo is dat nu eenmaal. Begrijpt ze toch wel. Als ze prof wil worden, moet ze naar Amerika.

De internationals van nu kijken naar de laatste finale van de mannen, in 2010, met hun shirt van Van Persie of Sneijder. De een huilt, de ander niet. Van Dongen is tien kilo zwaarder dan nu, herinnert ze zich. Ze had de hele dag gevolleybald, op die julidag.

En dan, op een zomeravond in Lyon, staan ze zelf in de finale. Van het WK. Ze huilen nu omdat ze de finale zelf hebben verloren. Ze zijn intussen bijna allemaal prof, bij een club in het buitenland nog wel. Nee, ze verdienen geen miljoenen, maar ze kunnen leven van hun sport. Hun meisjesdromen zijn uitgekomen. Ze voetballen in stadions, wonen in een mooi appartement en krijgen betaald voor hun passie. Ze knijpen soms in hun arm. Is dit echt?

Alleen: de weg is nog lang niet afgelegd. Dat is trouwens nooit zo in de sport. Wie te lang stilstaat, ziet anderen voorbijrazen op de snelweg van ambitie. Het voetbal kan beter, het moet zelfs beter. Voormalig bondscoach Vera Pauw speelde 'poldercatenaccio' in 2009. Ze hield vooral tegen, met een granieten defensie geleid door haar onverzettelijke aanvoerder Daphne Koster. Daarop volgde best verzorgd voetbal van bondscoach Roger Reijners, die de huidige ploeg min of meer neerzette. Sarina Wiegman was al zijn assistent. Zij is succesvol. Steeds winnen van hoger geklasseerde ploegen op de ranglijst is een topprestatie.

De ontwikkeling gaat verder. Het elftal was vrijwel hetzelfde als in 2017 bij het EK. Dat is op zich logisch. De leeftijd van de basisploeg is gunstig. Maar het is ook vreemd dat met zo veel voetballende meisjes nog niemand echt aan de deur klopt, sinds het EK. Talent genoeg, naar het schijnt, maar wanneer breekt het door? De voortekenen zijn gunstig. Zo won de ploeg onder 15 jaar onlangs voor het eerst in dertien jaar van Duitsland.

De huidige internationals voetbalden vrijwel allemaal met jongens, tot ze een jaar of zestien waren. Ze noemden dat een deel van het geheim, door de fysieke harding en het snellere spel. Hoe meer meisjes zich bij de KNVB melden als lid, des te meer meisjesteams ontstaan. Wat misschien ten koste gaat van de kwaliteit, van dat ene talent dat beter onder grotere weerstand bij de jongens kan spelen. Het is een beetje afwachten hoe dat gaat lopen. En wie weet, zijn meisjesteams straks zo goed dat ze winnen van jongens, wat hier en daar al gebeurt.

Grootste zorgenkind is de eredivisie, waarin te weinig verbetering zit. Weinig geld, weinig publiek, weinig aantrekkelijkheid, mede door twijfels bij de profclubs van de mannen. Zij vragen zich af: willen wij nu een vrouwentak? Wat moeten we daarmee? Dat kost toch alleen geld. Ja, Ajax sloot onlangs een cao voor de speelsters, maar dat is slechts een stapje. De gemiddelde leeftijd van de piepjonge competitie is net 20 jaar, met meiden die na hun studie een keuze dienen te maken: werken of voetballen. Vrijwel alle internationals voetballen inmiddels in het buitenland, waarbij Engeland steeds meer progressie boekt. Daar snappen de clubs dat het goed is een vrouwentak op te tuigen. Dat heeft niet alleen te maken met binding van supporters en met maatschappelijke betrokkenheid, maar is ook een kwestie van het aanvoelen van de tijdgeest.

Wat dat aangaat loopt Nederland achter, terwijl de eredivisie de kweekvijver behoort te zijn voor de nationale ploeg. Aan de horizon van het vrouwenvoetbal blinkt niet alleen goud. Alleen: vrijwel niemand dacht afgelopen maand aan dat probleem, met dank aan dat fascinerende arbeidscollectief met de lach om de lippen, en de traan na afloop van de verloren finale.

In 'Meisjesdromen, van EK-debuut tot WK-finale in tien jaar' beschrijf ik mijn reis door de wereld van het vrouwenvoetbal en de veranderingen die zich daarin voordeden, aan de hand van interviews, reportages, verslagen en columns in de Volkskrant. Door de toernooien te volgen en uitstapjes te maken: naar spelers, wedstrijden en andere gebeurtenissen. Zo ontstaat een beeld van een sport die zich in een decennium met grote vaart heeft ontwikkeld. En die ontwikkeling is nog lang niet voorbij.

Willem Vissers

Komst meneer Van Gaal vereert Wiegman

11 april 2001

Mijn eerste artikel over vrouwenvoetbal. In Hoogeveen huldigt Louis van Gaal recordinternational Sarina Wiegman, als de sport nog marginaal is. Hij ziet al een toekomstige toptrainer in haar.

'Had je pap in de benen?', vraagt de aanwezige bondscoach van Jong Oranje aan de voetballende vrouw. 'Ja', antwoordt Sarina Wiegman, 31 jaar en 101 interlands ervaren, 'ik was toch nerveus.' Mark Wotte weer: 'Na rust zag ik gelukkig de ware pitbull.'

De vrouwelijke equivalent van Edgar Davids, qua instelling dan, krijgt vandaag een schaal van bondscoach Louis van Gaal overhandigd voor haar honderdste interland, die ze overigens maandag al speelde, eveneens tegen Denemarken. 'Ik voel me vereerd. Het zegt iets over meneer Van Gaal.'

Vreemd is dat toch: stel dat Frank de Boer (88 caps) over pakweg anderhalf jaar zijn honderdste interland speelt, dan is het feest, dan krijg je een overzicht van zijn loopbaan op televisie. Hoe anders is dat bij de vrouwen, waar voetbal een sport is uit de kantlijn. Waarschijnlijk was deze mijlpaal stilletjes voorbijgegaan, ware het niet dat de KNVB een persoffensief inzette.

Louis van Gaal is bovendien de bondscoach die zich met de hele KNVB bezighoudt. Vandaar dat Wotte en hij, op weg naar Heerenveen - PSV, in Hoogeveen zijn neergestreken om Wiegman, speelster van Ter Leede uit Sassenheim, te eren.

Van Gaal heeft genoten. Deze week presenteerde hij zijn Masterplan voor de opleiding. 'Profs spelen clean, maar als ik beelden van jeugd zie, krijg ik een glimlach op mijn gezicht. Dat pure plezier zie ik hier ook.'

Hij deelt het genoegen met een paarhonderd toeschouwers die de weg naar het veld van VV Hoogeveen hebben gevonden voor het oefenduel met Denemarken. Nederland verliest met 3-0 en dat is terecht, want de Noord-Europeanen zijn fysiek sterker, sneller en ervarener. Bondscoach ad interim Andries Jonker speelt met een jonge selectie, een ploeg die opnieuw begint na een mislukte kwalificatie voor de Europese titelstrijd. De ploeg zal vooral fysiek moeten groeien. Dat kan ook door meisjes bij de jongens te laten meedoen, maar dat ligt moeilijk. Bij de jongens althans.

Wiegman is nerveus omdat ze in het middelpunt van de belangstelling staat. Bovendien scoort haar directe tegenstander al in de derde minuut. Ze herstelt zich goed. De centrale middenvelder is een vechter met technisch vermogen. Ze kapt en verdeelt het spel. Ze heeft alleen geen lange pass. Na afloop vertelt ze dat ze die normaal wél heeft, maar dat ze een beetje ruzie had met de bal. 'De bal was een beetje hard, er zat weinig gevoel in.'

Van Gaal zegt tijdens zijn huldigingstoespraak: 'Ik heb heel veel respect voor Sarina. Bij de mannen is alles geregeld. Dat is hier veel moeilijker.' Dat is waar. De vrouwenploeg zat een paar dagen in trainingskamp te Papendal, maar na de eerste wedstrijd van maandag ging Wiegman toch even naar huis. Ze is ook docente verzorging en gymnastiek aan het Segbroek College in Den Haag en dinsdag was een avond voor mentoren. Zij is mentor.

Wiegman debuteerde op 23 mei 1987 tegen Noorwegen, studeerde/speelde een jaar in de VS, voetbalde interlands in Afrika, Amerika en China, de laatste tijdens het eerste officieuze WK.

In de Verenigde Staten is vrouwenvoetbal pure topsport, met massale aandacht. Dat komt omdat de vrouwen eerder succes behaalden dan de mannen, die bovendien hun eigen topsporten koesteren. In Nederland voetballen vrouwen nog geen dertig jaar en hebben ze een grote technisch-tactische achterstand op de mannen. Toch zijn er meer vrouwen en meisjes die voetballen (zeventigduizend) dan hockeyen. Wiegman vertelt dat ze de laatste jaren geregeld in een vol stadion heeft gespeeld. 'Ons voetbal ontwikkelt zich als een speer.'

Van Gaal benadrukt dat een succes, deelname aan WK of Olympische Spelen, een doorbraak kan betekenen. Of een spontane actie op een goed moment zoals die van de Amerikaanse Chastain, die na de gewonnen WK-finale van 1999 haar shirt uitdeed en in sport-bh feest vierde. 'Waarmee ik niet wil zeggen dat Sarina haar shirt moet uitdoen', haast Van Gaal zich te zeggen.

Wiegman weet nog niet hoelang ze doorgaat. Ze bekijkt het per seizoen. Misschien dat ze in de toekomst nog eens bondscoach is, dat is haar ambitie. Van Gaal ziet de parallel met hemzelf: 'Ze heeft een aantal voordelen. Ze heeft zelf gevoetbald, net als ik op een positie waarvoor tactische bagage noodzakelijk is, en ze heeft een opleiding gevolgd. Het hangt af van haar persoonlijke ontwikkeling of ze het kan overbrengen.'

Hoog bezoek van Duitse vrouwen

1 november 2007

De Nederlandse voetbalsters krijgen nog applaus na een nederlaag. De tegenstander is dan ook niemand minder dan de wereldkampioen. Nederland leert van Duitse voetballers en van Duitse pers.

Met zeventien camera's is de Duitse zender ZDF uitgerukt naar Volendam om rechtstreeks kond te doen van de EK-kwalificatiewedstrijd tegen Nederland. En Nederland dan? Dat gebruikt de Duitse beelden voor een samenvatting, voorafgegaan door een reportage over hoe ZDF te werk gaat.

Vrouwenvoetbal is groot in Duitsland, zeker sinds de ploeg onlangs in China de wereldtitel greep en, deze week, de organisatie van het toernooi in 2011 kreeg toegewezen. De speelsters van de Frauschaft toucheerden 35 duizend euro de vrouw voor de titel, een immens verschil met bijna twintig jaar geleden, toen ze voor hun eerste Europese titel een theeservies ontvingen.

Voor Oranje is Duitsland-thuis de wedstrijd van het jaar.

Vergeleken bij een interland voor mannen is de sfeer ontspannen. Het spel golft op en neer en is leuk om naar te kijken. Sportiviteit is met hoofdletters geschreven, op een forse overtreding van Bresonik na, plus een Schwalbe van Mittag uit de beroemde school van Matthäus.

Supporters beider landen zitten naast elkaar. Waar Van Basten, Van Nistelrooij of Seedorf voldoen aan verwachtingen of juist teleurstellen, zijn Bito, Melis of Spitse onbekend. Je zou ze niet herkennen als ze achter de kassa zaten. Het vermoeide Duitsland wint met 1-0, maar ook Nederland oogst applaus en maakt nog een kans zich te plaatsen voor het EK van 2009.

De Duitsers Mario Dziamski en Marcel Krebs, twee van de Duitse supporters, studeren in Haarlem. 'Birgit Prinz is een soort Pelé of Maradona. We willen haar weleens live zien.' Prinz, beresterk en begaafd, is een fenomeen in het land van Kaiser Beckenbauer. Ze was wereldvoetballer van het jaar, heeft een eigen website en bezocht onlangs Afghanistan om de emancipatie van vrouwen in de sport te bevorderen.

Al in de tweede minuut wandelt ze naar de kant om lachend een andere haarband om te doen. Verder speelt ze weinig paraat, mede door het spel van de charismatische Daphne Koster, die na drie jaar haar rentree maakt. Ze lag een tijd overhoop met bondscoach Vera Pauw, die zo haar eigen Van Bommel-achtige problemen kent.

Voor wie vooral mannenvoetbal ziet, is de vrouwelijke uitvoering wennen. Zo verloor de nationale ploeg afgelopen weekeinde met 2-0 van de B2 van Argon uit Mijdrecht, jongens van 14 tot 16. De fysiek is anders, de techniek is anders en hoewel het om vrouwen gaat, knelt het tactisch korset minder.

Ook hier is het carnaval rond het veld. Op de tribunes van het behoorlijk gevulde Kras Stadion kwetteren honderden kinderstemmetjes en het dweilorkest van dienst komt uit Heiloo. Ronald Gringhuis, supporter en keeperstrainer van KNVB-meisjestalenten: 'Je mag het niveau van mannen en vrouwen nooit vergelijken, maar door de komst van de eredivisie zal het spel op den duur fors verbeteren.'

Van de KNVB mogen jongens en meisjes tot 19 jaar met of tegen elkaar spelen. Onlangs begroette de bond het 100 duizendste vrouwelijke lid. De toekomst ligt open.

Altijd rechtstreeks op het doel af

10 augustus 2009

Bondscoach Vera Pauw brengt Nederland voor het eerst naar de eindronde van een toernooi, het EK van 2009 in Finland. Daar ging een bijna eindeloze strijd aan vooraf.

Langs de lijn van het voetbalveld in het Olympisch Stadion straalt vrouwelijk geluk, op een avond in juli. Vera Pauw geniet van de zege met 5-0 op Zwitserland. Ze belt haar geliefde, ziet sommige van haar speelsters op het veld alweer aan gewichten sjorren en telt haar sportieve zegeningen: gedreven, van school en werk vrijgemaakte vrouwen, nog zonder de ego's uit het mannenvoetbal.

Ze zegt: 'Eindelijk bereiden we ons voor zoals een topploeg zich moet voorbereiden.' Het gaat hier om het woord eindelijk. Een jarenlang durend proces van strijd, arbeidslust, nooit opgeven, overtuigen, vergaderen, winnen en verliezen culmineert in deze mooie avond. Het is een hoopgevend teken bovendien in de aanloop naar het eerste Europees kampioenschap voor vrouwen waaraan de leeuwinnen van Oranje deelnemen, vanaf 23 augustus in Finland. Alles kan nog beter, maar hier in de miezerregen, in dit bijzondere stadion, is er even aanleiding voor tevredenheid.

Het gevecht van Vera Pauw is al in de buik van moeder begonnen, stelt broer Wouter. Wouter zou als eerste van de drieling-Pauw worden geboren, maar hij lag vast. Doodstil. Misschien was hij wel dood, dachten de doktoren, terwijl Evert en Vera aandrongen. Ze wilden naar buiten. Schiet nu toch eens op, Wouter.

Moeder sprak de doktoren tegen. Wouter leefde. Ze voelde hem trappen. Zo kwam de drieling uiteindelijk gezond ter wereld. Onafscheidelijk waren de drie, in het heilige verbond van de meerling.

Pittige Vera voetbalt als meisje met haar broers op straat en op de grasveldjes van Vianen. Wouter en Evert geven haar soms bewust schoppen, om haar te harden. Wouter: 'Ze was een knokkertje dat nooit opgaf. Wij zochten de grens op en passeerden die weleens. Kom op, schop eens terug, daagden we haar dan uit. Of ze beter kon voetballen dan wij betwijfel ik, maar ze had een betere mentaliteit.'

Hoe sneu en onrechtvaardig is het dan, als Wouter en Evert zich aanmelden bij een club en Vera niet mag meedoen, simpelweg omdat meisjesvoetbal officieel niet bestaat. Ze beweegt bijna als een jongen, zonder remmingen, en rent op en neer langs de zijlijn. Ze speelt de wedstrijd mee met haar broers. Het moet een raar gezicht zijn geweest, daar in Vianen.

Ze is getergd. Op de middelbare school hoort ze af en toe:

die Vera, waarom voetbalt die altijd in de pauze? Ze is zelfs zo getergd dat ze in de toekomst de beste wil zijn, of de eerste. Als 13-jarige krijgt ze dispensatie om met volwassen vrouwen mee te voetballen. Dan staan haar broers op hun beurt langs de lijn. Ze schreeuwen dat ze haar talent moet uitbuiten, dat ze risico in haar spel moet leggen. Maar Vera is onder de indruk van grote vrouwen die soms al kinderen hebben. 'Ik besefte niet dat ik talent had.'

Dat heeft ze. Ze komt tot 89 interlands, voetbalt voor Modena in Italië en is de eerste ster van het Nederlandse vrouwenvoetbal, voor zover je van sterren kunt spreken in een sport waarvoor vooral mannen (nog) hun neus ophalen. Maar Vera is bloedfanatiek en ze blinkt uit. Voormalig ploeggenoot Jessica Torny herinnert zich een interland in Almelo tegen Duitsland. Torny is jong, onervaren en bescheiden. 'Ik speelde voor Vera op het middenveld. Ze zei letterlijk waar ik moest lopen. Naar links, naar rechts, beetje naar voren, beetje naar achteren. Ik voetbalde op de automatische piloot. Heerlijk.'

Torny vertelt over een dag stage bij Oranje. 'Tussen de middag mocht ik rusten bij Vera op de kamer. Ik durfde bij wijze van spreken niet eens naar de wc. Ze was een held. Later bokste ze op tegen de hoge heren van het voetbal en liep ze dwars door glazen deuren, bij wijze van spreken.'

Pauw blijkt een geboren coach en loopt altijd voorop, als het om vrouwenvoetbal gaat. Ze heeft er geen behoefte aan mannen te trainen. Ze wordt lid van de technische commissie van de Fifa. Ze is de eerste vrouw met het diploma coach betaald voetbal, waarbij ze de beste cijfers haalt. Kijk naar de foto van de diploma-uitreiking en vraag je af waar velen zijn terechtgekomen. Zo niet Pauw. Die drukt haar neus tegen de ruit, altijd en overal. Ze levert een forse bijdrage aan het verheffen van vrouwenvoetbal tot olympische sport.

Ze koestert haar zeges. Waar meisjes hun entree maken bij een club, neemt de agressie af. 'Ik heb mannen al 20 jaar moeten leren dat ook vrouwen zinnig over voetbal kunnen praten', zegt ze eens. Als de ene klus is geklaard, dient de andere zich aan. Ze is de drijvende kracht achter de in 2007 gestarte eredivisie voor vrouwen, een competitie die noodzakelijk is om het niveau op te krikken. En onlangs verscheen een boek over haar met de titel 'De voetbalvrouwen komen eraan', met daaronder: Hoe meisjesdromen werkelijkheid worden.

Het boek, geschreven door een vrouw (Welmoed de Lang) en in ontvangst genomen door een vrouw (staatssecretaris Bussemaker) gaat geregeld over mannen. Zij zijn de norm in het voetbal en dat is soms behoorlijk vervelend. Pauw houdt ervan om haar strijd te illustreren met voorbeelden. Dat zeven keer zoveel Duitsers naar het EK van 2005 keken dan naar de strijd tussen Armstrong en Ullrich in de Tour de France. Dat het een schande is dat bobsleeën de A-status heeft en vrouwenvoetbal niet. Weten wij hoeveel mensen bobsleeën in Nederland? Veertien, zegt ze dan smalend.

Ze rekent een keer voor hoeveel vrouwenteams in het hockey een interland spelen in een bepaald jaar: 19. In het voetbal, waar het aantal vrouwelijke KNVB-leden inmiddels hoger is dan bij de hockeybond? 147. En sportredacties zouden iets meer aan vrouwenvoetbal moeten doen, maar kun je dat verwachten van meestal door mannen geleide clubjes?

In NRC-Handelsblad zegt ze eens: 'Ik weet altijd wat mijn doel is en ik ben een type dat sterk de neiging heeft alles wat in de weg staat weg te duwen.' Broer Wouter: 'Vera is een gepassioneerde vechtjas.'

Ze heeft weleens op het punt gestaan de strijd te staken. Met Bert van Lingen, eerst haar trainer en later haar echtgenoot, besluit ze in 2004 stil te gaan wonen in hun huisje in Frankrijk. Maar dan kan ze dus bondscoach worden en geeft ze zichzelf en het vrouwenvoetbal nog één kans. Steeds is daar weer een nieuwe uitdaging, of het nu om geld gaat, uitbreiding van de staf of het voetbaltenue van de vrouwen. Met Nike laat ze een nieuwe lijn ontwikkelen. De kleding is nu vrouwelijk en toch sportief, in plaats van de om vrouwenlijven lubberende mannenhansopjes van vroeger.

Goed voetballen in Finland, bij het EK, dat is het doel. Het maximale bereiken. Ruzies zijn beslecht, de selectie is gevormd. Ook aanvoerster Daphne Koster straalt, na die 5-0 tegen de Zwitsers. Of ze het moeilijk vindt alles en iedereen voor een paar maanden in de steek te laten? Alleen voetballen. Ongelovige glimlach: 'Man, ik ben helemaal leeg in mijn hoofd. Ik zou niets liever willen dan altijd zo leven.'

Een tijdlang stelde de speelster van AZ zich niet beschikbaar. Het klikte niet met Pauw. Hoe dat kon? 'Dat is niet meer belangrijk', zegt Koster. 'We kunnen het nu geweldig met elkaar vinden en ik kijk alleen nog in het nu.' Pauw: 'Ik denk dat we hetzelfde karakter hebben.'

Langzaam groeit de erkenning

21 augustus 2009

Als de vrouwen bijna aftrappen voor hun eerste EK in de historie, blijkt pas hoe groot de conservatieve krachten zijn. Er is nog een lange weg te gaan.

'Zonde van het gras', zegt de collega onverbloemd over vrouwenvoetbal. Nee, hij meent het serieus, ook al is het dan 2009 en is zijn kwalificatie een oeroud cliché.

Voetbal is conservatief. Je ontmoet vragende, onbegrijpende blikken als je vertelt het EK voor vrouwen in Finland te bezoeken. Het is een toernooi dat op een wat ongelukkig tijdstip valt. Het EK is qua planning (23 augustus tot 10 september) immers een inbreuk op de kalender van het échte voetbal, dat van de mannen dus.

Wat je allemaal niet mist, houden collega's je voor. Heerenveen - AZ, of Ajax - Sparta. Plus de tweede en beslissende wedstrijd in de laatste voorronde voor de Europa League, de competitie voor kleinere clubs in Europa. En de loting van de Champions League met AZ, niet te vergeten.

'Stelt niets voor', meesmuilt aan andere collega over het EK, waaraan Nederland voor het eerst meedoet. In de wereld van het voetbal draait het om de man in korte broek en op kicksen. Dat weten vrouwen. Bondscoach Vera Pauw, haar internationals, duizenden willekeurige vrouwen en meisjes die verknocht zijn aan het spel; ze hebben het allemaal weleens ondervonden.

Maar waarom zou het niets voorstellen? Het zij gezegd: het is bijna een ander spel dan bij de mannen; trager, minder fysiek, minder technisch ook, tactisch soms wat onbenulliger. Maar is dat erg, of vervelend? Waarom kan het dan geen top zijn, althans, de top benaderen, naar de top toe kruipen desnoods?

Trouwens: wat heeft de eredivisie nog met topvoetbal te maken, als je die naast de Premiership legt? Mocht het antwoord op de laatste vraag 'niets' zijn of 'weinig', waarom verdringen tientallen over het algemeen mannelijke verslaggevers zich dan op 's lands perstribunes? Waarom accepteren ze die eindeloze reeks wedstrijden in de Europa League, weer zo'n nieuwigheid van de UEFA om geld te maken?

De snelste man ter wereld doet 9,58 seconden over 100 meter, de snelste vrouw deed daar 10,49 over. De beste tennisser wint in ruim een half uur met 6-0, 6-0 van de beste tennisster, maar dat wil niet zeggen dat die vrouw geen topsport bedrijft.

Mannen- en vrouwensport laten zich niet vergelijken, maar dat is moeilijk in een sport die door menigeen vereenzelvigd wordt met de man. Voetbal is het domein van de man. 'Ik houd van voetbal en ik houd van vrouwen, maar ik houd niet van vrouwenvoetbal', zegt een andere collega.

De vrouwen van de nationale ploeg vinden in elk geval dat ze top bezig zijn. Eindelijk volgen ze een topsportprogramma, dat is geïntensiveerd na hun plaatsing voor het EK. Ze leven als fullprofs, al is het dan maar voor drie maanden. Ze hebben trainers, begeleiders, video-analisten, een spelersbus met een leeuw. Net als de mannen. Ze noemen zich oranje leeuwinnen. Ze trainen soms besloten.

Natuurlijk, alles is nieuw voor ze, alles is onwennig. De speelsters zitten op een mooie maandag, een dag voor het vertrek naar de eerste speelstad Turku, allemaal in een zaal te Purmerend als bondscoach Vera Pauw een persconferentie geeft. Pauw praat over de eerste wedstrijd, tegen Oekraïne. De speelsters kijken naar het voor hen astronomische aantal verslaggevers.

De meesten zijn tijdelijk vrijgemaakt van studie of werk. Ja, zij zouden het liefst fullprof zijn, maar de talentvolle vrouw van 19 is nu eenmaal geen miljonair. Zij heeft geen andere keuze dan een baantje of een studie naast het voetbal.

In de volgende week uit te zenden documentaire Mooie Benen, over een seizoen bij het vrouwenteam van ADO Den Haag, zegt international Karin Legemate, die overigens de EK-selectie net niet haalde, dat ze twee dagen in de week lesgeeft en drie dagen bewegingswetenschapper is. Tussen de bedrijven door traint ze. Annemieke Kiesel-Griffioen, bijna recordinternational, verdient een salarisje bij Duisburg, maar ze heeft er een baantje bij in de software. In zoverre is de top nog ver weg.

Een krant wilde een echte schrijfster meesturen naar het EK, om van binnenuit verslag te doen. Pauw wees dat plan af. Ze is met topsport bezig, zei ze. De krant was verbolgen. De redenering: kan dat vrouwenvoetbal eindelijk een plaatsje verwerven op de drukbezette dansvloer van de topsport, hoeft het niet voor ze. Nu gaat niemand van de krant naar Finland. De NOS zendt de duels van Oranje rechtstreeks uit op internet, en doet op tv verslag in een samenvatting van tien minuten.

In feite zijn de vrouwen van Pauw onderweg naar topsport. En misschien is dat juist een interessant proces om te beschrijven. Aanvoerster Daphne Koster: 'Het is super me volledig te kunnen richten op voetbal. Voor ons is deze periode zo speciaal. We gaan met sprongen vooruit.'

Daarmee geeft ze indirect aan dat de echte top ergens aan de horizon ligt. De mannen van bondscoach Van Marwijk zullen immers nooit zeggen dat ze met sprongen vooruitgaan. Ze zullen hoogstens toegeven dat de combinaties na een aantal sessies beter verlopen, dat ze elkaar steeds beter vinden.

Pauw beseft als geen ander dat alleen prestaties tijdens het EK de ploeg verder kunnen helpen en daarmee de ontwikkeling van het vrouwenvoetbal stimuleren. Ze voelt dat ze al veel heeft bereikt, maar dat de weg nog lang is. Vrouwenvoetbal heeft veel moeten overwinnen, van vooroordelen in alle soorten en maten tot het gebrek aan velden. De erkenning groeit langzaam.

Intussen is vrouwenvoetbal de snelst groeiende sport van Nederland. Meisjes doen nu vaak mee bij de jongens of hebben hun eigen competitie. De in 2007 opgerichte eredivisie is de top van de piramide en de eerste plaatsing voor een internationaal toernooi, het EK dus, is daarvan een afgeleide.

Maar het fysieke verschil blijft bestaan. Altijd. Kleine Manon, met haar blonde, dansende paardenstaart, was afgelopen seizoen vaak de beste speler van de E4 van Onze Gezellen uit Haarlem. Ze was het enige meisje. Ze was vaak slimmer, fanatieker, technisch begaafder en harder dan de jongetjes. En in het kampioensteam van E1 kon Quinty eenvoudig mee.

'Jongens, het is een meisje', zeiden leiders van de tegenpartij tegen hun jongetjes. 'Laat je toch niet voorbijlopen door een grietje.' Jongens die niet tegen hun verlies konden, schopten Manon stiekem, of zeiden iets gemeens over haar paardenstaart. Dan huilde ze weleens.

Het meisje van een jaar of 11 ligt in vele opzichten voor op de jongen van die leeftijd. In denken, fysiek en doen. Daarna worden mannen sterker, sneller, harder, gehaaider. Vooral dan begint het spel per sekse totaal anders te ogen, wat niet wil zeggen dat het bij de mannen per se mooier is.

Vrouwenvolleybal is soms bijvoorbeeld veel aantrekkelijker om te zien dan menig mannenwedstrijd, met name als bij die mannen de fysieke kracht overheerst. Bij mannen is het vaak: opslag, passing, opzetten, smash, klaar. De internationale bond heeft zelfs regels aangepast om de rally's te verlengen; invoering van de libero, de defensiespecialist.

Maar een vrouwenduel als Cuba - China, met eindeloze rally's, blijft vaak interessanter dan het geweld bij de mannen. En bij tennis zijn, eveneens om de rally's vooral bij de mannen te verlengen, de ballen verzwaard en de banen vertraagd.

Vrouwenvoetbal heeft ook voordelen ten opzichte van dat bij de mannen. Het oogt vaak sportiever, hoewel dat niet altijd zo is. Aanvoerster Daphne Koster liep deze week met een grote pleister onder haar oog, na een elleboogstoot in een oefenduel met Rusland. Het is minder verpest door 'ego's'. Hoe kun je ook een ego cultiveren? Niemand hemelt je de hele dag op, geen zaakwaarnemer regelt weer een hoger salaris voor je.

Vrouwen kunnen vaak meer trainingsarbeid aan, hun pijngrens ligt af en toe hoger. Ze staan meer open voor nieuwe zaken. Ze hebben immers geen tijd gehad conservatief te worden. Mannelijke voetballers beginnen vaak al te lachen als het woord sportpsycholoog valt. Of Pauw met een psycholoog werkt, was maandag de vraag. Nee, maar ze zag wel dat haar speelsters soms passief reageerden, bijvoorbeeld in een recent, met 6-0 verloren duel tegen topland Duitsland. Het volkslied, door een heel stadion gezongen, imponeerde. Ze waren al geklopt.

Pauw constateerde dat Nederland een feminiene cultuur heeft, terwijl die in Duitsland masculien is. Ze zegt: 'De emancipatie van de vrouw loopt bij ons via de man. De man neemt zorgtaken op zich, poldert en overlegt.' Ze geeft een voorbeeld: 'Toen het kindje van Boulahrouz en zijn vrouw bij het EK stierf, wilde de hele ploeg voor hem zorgen. Iedereen wilde naar het ziekenhuis. Dat is feminien gedrag.'

Ze houdt trouwens wel van zo'n zorgzame samenleving, maar voor topsport is die houding soms funest. Zo poogt ze haar team wat masculiene trekjes mee te geven. En zo keert de man via een omweg dus een beetje terug, zelfs in het vrouwenvoetbal.

Een nederlaag vasthouden

26 augustus 2009

Het is een van de meest bizarre wedstrijden in het leven van de sportverslaggever. De ingevlogen bobo's verslikken zich in hun versnaperingen. Niet meer aanvallen bij een achterstand. Wat is dat?

Mocht Nederland een natie zijn van de aanval in het voetbal, dan verkwanselde de nationale vrouwenploeg het ideeëngoed in de tweede wedstrijd van het EK. Zelden was onmacht zo duidelijk zichtbaar als bij de reactie van de nationale ploeg na de 2-1-voorsprong van Finland.

Bondscoach Vera Pauw gaf de opdracht de negatieve score vast te houden, met nog 20 minuten te spelen. De spelers moesten het elkaar vertellen, maar tot Kirsten van de Ven drong de boodschap niet door. Vandaar dat Pauw na afloop op het veld uitleg gaf, om misverstanden te voorkomen.

Het was al met al een vrij bizarre, volgens de bondscoach echter onvermijdelijke vertoning. 'Ik ken mijn team beter dan wie dan ook. We komen uit een feminiene cultuur, waarin we bij tegenslag terugvallen in passiviteit en zorgzaamheid. Voor topsport is dat soms onhandig, maar we moeten ermee omgaan. Ik achtte de kans op 3-1 veel groter dan die op 2-2. En ik weet bijna zeker dat, als we een derde doelpunt tegen hadden gekregen, ook het vierde was gevallen. Dan waren we mogelijk uitgeschakeld geweest op doelsaldo.'

De tactische zet van Pauw zorgde voor onbegrip alom. Zelfs de Finse bondscoach Käld was verbaasd: 'Ik ben al heel lang trainer, maar dit heb ik nog nooit meegemaakt. Maar ja, iedereen heeft zijn eigen ideeën.' Nederland was volgens Pauw ook geïmponeerd door de sfeer in het stadion en de fysieke kracht van de tegenstander. Laura Österberg Kalmari, de enige moeder op het veld, torende letterlijk en figuurlijk boven de meiden van Pauw uit. Zij stond model voor de Finse overmacht en kon zich niet herinneren dat ze in haar 114 interlands eerder tweemaal scoorde met het hoofd. En passant passeerde ze het doelpuntenrecord van Jari Litmanen (man), doch dat interesseerde haar weinig. Liever zond ze een symbolische kus naar man en kind.

Ruim 16 duizend toeschouwers in het klassieke Olympisch Stadion van Helsinki, waar een drumband voor een bijna Afrikaanse sfeer zorgde, klapten ritmisch voor de heldinnen in het 'jalkapallo', het voetbal. Finland is zeker van de kwartfinales. Waar de voetballende mannen al jaren smachten naar een succesje, zijn de vrouwen bijna Europese top.

Bij Nederland is het zo'n beetje andersom. Het EK is een ontdekkingsreis en na een lekker windje mee tegen Oekraïne stak de storm tegen op, met een partijtje kansberekening als afsluiting van een zwak optreden. De speelwijze staat, maar die heeft dus weinig van doen met het klassieke aanvalsspel dat Europa en de wereld gewend zijn van Nederland. Het was woensdag eerder toevalsvoetbal, bijvoorbeeld als de om haar sprankelende uiterlijk veelgevraagde Anouk Hoogendijk de bal beroerde, zonder greintje rust in haar spel.

De vrouwen laten zich leeuwinnen noemen, maar dan waren het woensdag oude dieren uit het circus, die voor een enkel kunstje hun kooi verlaten en verder achter de tralies aan een stuk toegeworpen vlees kluiven.

Het zij gezegd: Pauw streeft er niet naar een brave leerling van de Nederlandse school te zijn. Ze had in de voorbeschouwing opvallende zaken te berde gebracht. Op een vraag van een Finse journalist of ze zich geroepen voelt de Nederlandse stijl van de aanval te volgen, zei ze dat helemaal niet belangrijk te vinden. 'We moeten resultaten behalen.'

Nederland is nog lang niet zo ver als bijvoorbeeld Duitsland en leunt tegen sterkere tegenstanders dus op de defensie, hopend op de tegenaanval via de snelle Smit of Melis. Maar reclame maakte Nederland niet voor het vrouwenvoetbal, met de KNVB-directeuren Kesler, Been en Bruijnis op de tribune. Zij willen het volgende EK naar Nederland halen. Ze reageerden furieus op het defensieve spel bij de achterstand.

En zij weten trouwens dat Pauw onverstoorbaar is. Ze had wat smalende commentaren ontvangen na haar ontboezeming dat voor de eerste wedstrijd tegen Oekraïne de spanning was weggenomen door een avondje koekhappen. Pauw vond dat juist klasse. 'Ik liet het aan hen over. Dan is het juist een teken van lef dat ze kiezen voor van die kleuterspelletjes. Dan toon je je kwetsbaar en je laat zien vertrouwen te hebben in elkaar. Dan kun je ook met lef de wedstrijd in.' En, bedoeld als sneer naar de mannen: 'Ik had me pas zorgen gemaakt als ze hadden gekozen voor het veilige klaverjassen.'

Het avontuur is net begonnen

31 augustus 2009

Een overpeinzing in een sportcafé in Helsinki.

In sportcafé Kuitin Kopio, tegenover het station in Helsinki, zenden twee tv's voetbal uit. Op links: VfL Bochum - Hertha BSC, in de Bundesliga. Op rechts: Duitsland - Frankrijk, tijdens het EK voor vrouwen in Finland.

Links zit het stadion vol zingende, met vlaggen zwaaiende Duitsers. Geweldige sfeer. Rechts zijn de tribunes vrijwel leeg. Er is af en toe een plukje fans te zien met een Duits vlaggetje op de wang geschilderd, of anders een groepje zwijgzame Finnen die kijken als naar een in de haven van Helsinki uitgeworpen hengel.

Links zie je verbeten koppen, druk gesticulerende trainers, strijd, speeksel, pijn en gedraaf, vaak om niets. De indruk bestaat dat de voetballers en trainers het voetbal te moeilijk hebben gemaakt voor elkaar. Het moet te snel, in een te kleine ruimte. Je ziet machteloze slidings om ballen binnen te houden, geschreeuw, blessurebehandelingen, passes in het niets.

Het lijkt alsof de grenzen van het mannelijke kunnen zijn bereikt.

Op de rechter tv heerst bijna serene rust, gelardeerd met spel dat soms neigt naar elegantie, dan weer de wenkbrauwen doet fronsen. Als de Duitse aanvaller Inka Grings een schaarbeweging maakt, is die goed te volgen. Je kunt kijken hoe ze dat doet, je zou even kunnen oefenen. Hebben ze geen bal hier, in het sportcafé?

Voetbal bij de mannen is uitgekristalliseerd, zegt Chris Bakker een paar dagen later treffend. De manager marketing bij de KNVB bezoekt de EK-wedstrijd tussen Nederland en Denemarken en bedoelt te zeggen dat we bijna alles weten. We kennen de spelers, de speelstijlen, de tactieken, de clubs, de landen. We staan niet meer voor verrassingen.

Bij de vrouwen is het avontuur eigenlijk nog maar net begonnen. In Engeland bijvoorbeeld was vrouwenvoetbal even populair tijdens de Eerste Wereldoorlog, voor hen die werkten in de (oorlogs)industrie en tijdens de pauzes wilden ontspannen met een bal aan de voet. Maar in 1921 werd voetbal voor vrouwen weer verboden, om pas in de jaren 70 terug te keren.

Op de rechter tv laten ze elkaar de ruimte. Als ze op de grond liggen, hebben ze ook echt pijn. Ze schreeuwen niet zo, ze hebben het alziende oog van de camera nog nauwelijks ontdekt om het te misbruiken.

Het is niet zo belangrijk om uit te maken welke voetbalsoort beter is, of aantrekkelijker, of mooier. Bochum - Hertha is te vergelijken met voetbal op en rond de top van de berg. Het is soms ijzig koud. De klimmers dragen volle bepakking en zijn doodop van de ijle lucht, uitgerekend nu het uitzicht overweldigend is. Ze zouden misschien even moeten uitrusten, om even tot bezinning te komen. Misschien zouden ze concluderen dat het goed is een stapje terug te doen, om later twee passen vooruit te zetten.

Duitsland - Frankrijk is bijna een ander spel, op een andere wereld. De klimsters zijn als het ware net vertrokken uit het dal. De weg omhoog is nog makkelijk te vinden, de rugzak is bijna leeg, het gras tegen de hellingen mals. Het is wat fris op de helling maar zeker niet koud.

De lucht twinkelt.

Koninginnen van het poldercatenaccio

3 september 2009

De gewonnen strafschoppenserie tegen Frankrijk in Tampere, op het EK in Finland, mag worden beschouwd als de doorbraak van het vrouwenvoetbal. Succes zwengelt de belangstelling aan. En de vrouwen hebben serieus getraind op strafschoppen.

Terwijl de nationale mannenploeg pas na vier als bijna traumatisch ervaren mislukkingen tijdens eindronden een penaltyreeks wist te winnen, slaagden de voetbalsters bij hun debuut. De koninginnen van het poldercatenaccio staan in de halve finale van het EK, tegen Engeland.

NOC*NSF-voorzitter Terpstra verhoogde na de kwartfinale tegen Frankrijk de feestvreugde, met de mededeling dat de ploeg de A-status krijgt, wat meer financiële armslag voor de spelers betekent en andere mogelijkheden tot professionalisering.

Acht strafschoppen waren na de 0-0 na 120 minuten onberispelijk genomen toen een drama van slapstickachtige allure zich voltrok. Na de misser van Franco in de vijfde beurt kon uitblinkster Koster, gedurende 120 minuten de opzichter van de oranje muur, Nederland al naar de halve finale schieten, doch ze produceerde een merkwaardige afzwaaier.

Daarop werd het steeds gekker, toen de ploegen om en om mochten aanleggen: Meillereux paal. Bito gestopt. Herbert over, waarop Hoogendijk koelbloedig scoorde en een oranje feestje ontketende. 'Ik wist dat ik de strafschop ging benutten. Dat voelde ik gewoon', aldus Hoogendijk.

De mannen deden in het verleden soms nogal nonchalant over strafschoppen, omdat toch niet was te trainen op de spanning. Maar de vrouwen hebben bijna elke training geoefend en Pauw maakte gebruik van Noorse statistische informatie. Ze formeerde ook twee teams, om de realiteit te benaderen, en liet ze net als in wedstrijden vanaf de middenlijn naar de bal lopen. Zo trainde Guus Hiddink overigens met Zuid-Korea, dat tijdens het WK van 2002 Spanje uitschakelde na strafschoppen.

Opnieuw, net als tegen Denemarken, had Nederland de aanvalsgolven met succes gebroken. Want de vraag leek aanvankelijk hoe lang de fabuleuze verdediger Daphne Koster, met Manoe Meulen als adjudant, de oranje stenen kon blijven formeren tot een betrouwbaar muurtje.

Lang dus, 120 minuten. Uitgerekend in de strafschoppenreeks leek zij de schlemiel te worden, maar dankzij Franse hulp bleef de hoop intact. 'We hadden tien jaar kunnen spelen tegen deze defensie, zonder te scoren', aldus de verslagen bondscoach Bini.

In het vrijwel lege stadion van Tampere, waar de stilte soms hoorbaar was, danste ook het hoge bezoek uit Nederland mee op het succes. Terpstra riep geregeld voor iedereen hoorbaar 'Hup Holland Hup'. Dick Advocaat had een weddenschap verloren van zijn assistent Bert van Lingen. De entree in de kwartfinale noopte hem de echtgenoot van bondscoach Vera Pauw te vergezellen naar Finland.

Het was aardig Advocaat aan te horen over vrouwenvoetbal. Hij, in 1987 één keer bondscoach bij een vrouwenduel, schetste de groei van het team en de ontembare werklust van Vera Pauw, in wie hij zijn eigen fanatisme herkent. 'Ze werkt twee keer 24 uur op een dag.' En hij kan het weten, want Pauw was bondscoach van Schotland toen Advocaat en Van Lingen bij Glasgow Rangers zaten.

Hij had Pauw na het duel met Finland nog even aan de lijn gehad. Ze was terneergeslagen, door de kansloze nederlaag. Voetbal zoals tegen Oekraïne, adviseerde hij. Scherp, geconcentreerd, goed georganiseerd. 'En speel niet te open.' Dat hoef je Pauw niet te vertellen. Advocaat sprak vol respect over Koster, de verdediger van AZ die met afstand de beste is van de ploeg. Pff, wat een speelster, zo prees hij haar.

Open spel valt van Oranje niet te verwachten in het proces van ontwikkeling, op het eerste toernooi. Het resultaatdenken is tot kunst verheven, met Pauw als architect. Zij is de vrouw die overal in de keuken keek en als speelster van Modena ook de geheimen van het verdedigen ontrafelde. 'Dit is onbeschrijflijk', zei Pauw na de entree in de halve finales.

Voetbalpers ontdekt vrouwen

6 september 2009

Tussen blaasvoetbal en vrouwenvoetbal.

Aan blaasvoetbal deed hij ook niet, dus waarom zou hij aandacht besteden aan vrouwenvoetbal? Minder dan een jaar geleden was Johan Derksen, hoofdredacteur van Voetbal International, in het Noordhollands Dagblad niets verhullend in zijn commentaar op vrouwenvoetbal.

Maar donderdag, zo gaf Derksen later op tv toe, had hij 120 minuten naar de EK-kwartfinale tussen Nederland en Frankrijk gekeken, plus strafschoppen. Hij vond het niveau nog steeds erg mager, maar de inzet 'vertederend'. Bovendien heeft VI al ruim twee weken een verslaggever in Finland om de opmars van de ploeg te beschrijven.

Vrouwenvoetbal in de media was tot voor kort vooral een zaak van gespecialiseerde websites als ladiessoccer.nl en vrouwenvoetbalnederland.nl. Ook zij zijn vertegenwoordigd in Finland. De ene verslaggever draagt een 'brulshirt' waarbij de perskaart op de bek van de leeuw bungelt, de ander heeft een rood-wit-blauwe band om zijn hoofd.

Een fotograaf van Proshots slaapt om kosten te besparen in een tent en Welmoed de Lang, schrijfster van de biografie over bondscoach Vera Pauw, heeft haar auto ingericht tot rijdend hotel. Maar zolang Nederland meedoet, betaalt de KNVB haar verblijf.

Op het AD (en persbureau ANP) na zijn vrijwel alle kranten aanwezig, zeker voor een deel van het toernooi. De NOS, sinds zaterdag ook met een radioverslaggever actief, zond samenvattingen uit en de halve finale tegen Engeland zondag zelfs rechtstreeks. Fans hadden zich toen al beklaagd en prezen Eurosport, dat donderdag tegen het eind van de kwartfinale met 800 duizend kijkers zijn hoogste kijkcijfer in de Nederlandse geschiedenis had.

Het maximale bereikt, plus een beetje

6 september 2009

De halve finale van het WK tegen Engeland gaat verloren, maar de internationals tellen eindelijk een beetje mee. Een dag na de uitschakeling zitten ze met zijn allen zelfs in de studio bij Jeroen Pauw. Ze zijn ontdekt. Ze bestaan.

Het Nederlandse vrouwenvoetbal bestond opeens, op het EK in Finland. Opeens werd het gezien door een groot tv-publiek, met dank aan de prestaties. Het andere Nederlands elftal leefde twee weken in een droom.

Het sprookje is uit, besefte bondscoach Vera Pauw na de nederlaag tegen Engeland in de halve finale, maar snel riep ze haar spelers bijeen en vormden de voetballers en de staf weer de cirkel op het veld. 'Ik ben apetrots op jullie', zei ze. 'We gaan met opgeheven hoofd naar huis.'

Nee, qua voetbal heeft het elftal van Pauw sportend Nederland weinig bijgebracht, hoewel het optrekken van een oranje muur ook leerzame elementen bevat. De ploeg was een voorbeeld qua opofferingsgezindheid, instelling, saamhorigheid en professioneel gedrag. Dat is bijzonder, zeker in het voetbal, vaak een wereld van ego's en door geld verwrongen belangen.

Bijna drie maanden volledige toewijding door vrouwen die in feite amateurs zijn, leidde tot een maximale prestatie. Pauw concludeerde dat haar speelsters in feite 'andere sporters' zijn geworden. Daarmee was het belangrijkste gezegd. Het was een leerzame en louterende tijd, voor alle partijen. Verhelderend ook. De ongelooflijke gedrevenheid, de volgzaamheid van de speelsters, hun zelfkennis en sportiviteit, plus de wetenschap dat ze niets mochten laten liggen, zette ze aan tot een indrukwekkende reis.

Leerzaam voor eenieder? Ja. Zo trainden ze serieus op penalty's, terwijl dikbetaalde mannen daarover weleens lacherig doen. Ze deden alles om fit te blijven, al moesten ze in de nacht een vrij koud zwembad in om de vermoeidheid uit de spieren te laten trekken. In veel sporten is dergelijk gedrag gebruikelijk, in het voetbal bepaald niet altijd. Daar is een praatje met de zaakwaarnemer na een wedstrijd soms veel interessanter.

Het EK was ook te beschouwen als een soort Girlpower, niet alleen bij Nederland overigens. Slechts drie van de twaalf landen op het EK hebben een vrouw als bondscoach, alledrie bereikten ze de halve finales. En dan hun namen: Pauw, Powell en Neid.

Bondscoach Vera Pauw gaf soms een steekje onder water naar het door geld beheerste mannenvoetbal. Ze had van inspanningsfysioloog Raymond Verheijen gehoord dat je die mannen echt niet in een zwembad krijgt, zo vlak na afloop.

En op stap gaan? 'Het komt niet eens bij mijn speelsters op.' Hier was gewoon een ploeg actief die alleen met voetbal bezig was, die zich slechts één doel stelde: het maximale presteren, alles halen uit de mogelijkheden die helemaal niet zo groot waren. De ploeg bereikte zelfs het maximale plus een beetje.

Focussen, dát was het meest gehoorde woord. Gebezigd door de speelsters, de staf, de scouting. Pauw zei: 'Er zit al te veel toeval in het voetbal, om de zaken die je in de hand hebt, niet te willen uitsluiten.' Niet te lang blij zijn na succes dus. Focussen, denken aan de volgende wedstrijd, afsluiten voor verkeerde indrukken. Dat lukte en dat was knap, voor een ploeg die weinig gewend is.

Pauw zei telkens waar het op stond. De tegenstander stond hoger op de wereldranglijst, had meer getraind, was eigenlijk beter. Want dat weet ze als geen ander. Meer trainen is nodig om beter te worden, want het voetbal is nog beslist niet goed genoeg. De komst van de eredivisie, in 2007, moet uiteindelijk betere speelsters opleveren. De door de entree in de halve finales bereikte A-status van de internationals, waardoor velen zich meer op voetbal kunnen concentreren, moet een andere poot zijn onder een sterker Nederland.

Nederland heeft een goede keeper, een behoorlijke verdediging, een weinig creatief middenveld en een hele snelle aanvaller. Het was vooral tegenhouden, vechten, strijden, hopen op een bevlieging van Manon Melis, die zo snel is dat haar techniek soms achterblijft.

Het vrouwenvoetbal heeft nog een lange weg naar de top te gaan, maar de kans op blijvend succes is aanwezig. Het succesje van Finland is ook anders dan dat van een pijltjesgooiende postbode, om maar eens wat te noemen. Voetbal is groter, voetbal heeft de structuur van een bond. Vrouwenvoetbal was al voor de opmars van de nationale ploeg de snelst groeiende sport van Nederland. Dat zal wel zo blijven.

Pionier Pauw en haar trots

25 maart 2010

De pionier stapt op, uit onvrede met het bondsbeleid. Ze is trots, eigenwijs, een beetje drammerig soms. Het is jammer dat het zo loopt.

Vera Pauw, die onlangs al aankondigde haar ontslag als bondscoach van de vrouwenploeg te overwegen, zette de stap in de aanloop naar twee duels tegen Slowakije voor de bijna verspeelde kans op WK-kwalificatie. Niet de prestaties, maar de dreigende vermorzeling in de machinerieën van de KNVB bracht haar tot het besluit.

De overtuigd feministe viel geregeld op met opmerkingen over de feminiene cultuur in Nederland die presteren voor vrouwensporters bemoeilijkt. Ze maakte alsmaar vorderingen, maar in haar schier eeuwigdurende strijd ontmoette ze in de Zeister bossen opeens tegenstanders en andersdenkenden, waar ze voorheen min of meer vrij spel had, om de simpele reden dat ze vaak de enige was in het woud.

Pauw kennende, is ze diep gekwetst. Ze was de onbetwiste pionier van het in Nederland lange tijd nauwelijks serieus genomen vrouwenvoetbal. Op de ochtend voor haar aankondiging belde ze, met bedrukt gemoed: 'Kom je? Ik lees straks een statement voor, ik neem ontslag.' Delden bezoeken was even lastig, vanwege een verblijf in Accra. 'Sterkte', was de als bemoedigend bedoelde groet uit Ghana. Waarop tot in donker Afrika een diepe zucht was te horen en een stem vol droefenis. 'Ja, vooral sterkte zal ik nodig hebben.' Haar missie was immers bijna haar leven.

De pionier voelde zich niet meer alleen op het strategobord van het vrouwenvoetbal. Dat de hulptroepen onderweg waren, kon ze nog wel verdragen. Dat ze haar hinderden, voor de muziek uitliepen of juist achterbleven bij de dirigent, was haar te veel. De spectaculaire groei van het vrouwenvoetbal, met 60 duizend nieuwe bondsleden sinds 2005, was niet meer alleen haar ding. De KNVB omarmde het succes en wilde het op tal van manieren uitbaten. De wijze waarop dat gebeurde, bijvoorbeeld met een rapport dat ze verspilde moeite vond, beviel Pauw niet.

Pauw was zo trots. Aan het succes, dat zijn hoogtepunt beleefde met de kwalificatie voor de halve finale van het EK van 2009, had ze zo lang gewerkt en zo vaak het conflict gezocht. De vrouw die lang heel veel alleen deed, wilde blijven meedenken en -doen op alle gebieden, bijvoorbeeld door een week uit te trekken voor het benaderen van sponsors. 'Zorg jij nu maar voor het A-elftal', hoorde ze dan vanuit de kantoren. Ze duwden haar in een hok waar de muren op haar afkwamen.

Het gaat in feite vooral om een botsing met de afdeling marketing, die al jaren onder leiding staat van de als machtig beschouwde directeur Decosseaux. Pauw was verbitterd dat ze nooit een serieus gesprek kreeg met hem. Ze was ook gepikeerd toen de Nederlandse delegatie tijdens het EK schande sprak van haar besluit een achterstand van 2-1 tegen Finland te verdedigen, omdat er volgens haar niet meer inzat. Marketingtechnisch fout, vond men.

Maar het was ook een genot om Pauw te volgen, tijdens dat EK. De opofferingsgezindheid van haar en het elftal, de instelling, de volgzaamheid van de speelsters, het waren indrukwekkende facetten binnen een ploeg die in korte tijd naam maakte. En af en toe permitteerde Pauw zich een stekelige opmerking jegens het mannenvoetbal met zijn ego's en miljoenenbelangen. Het bereiken van de halve finales moest de aanzet zijn voor een toekomst vol loutering. Het is sneu dat de pionier nu vertrekt, bedroefd en ontzet.

Verbeek kan gerust zijn: zijn gras ligt er keurig bij

22 oktober 2010

Gertjan Verbeek vindt het maar niets, dat de vrouwen van AZ voor de Champions League op zijn mooie veld willen voetballen. De schade valt mee.

Dit stuk gaat onder meer over het verschil tussen Barack Obama en Gertjan Verbeek. En ook over voetballende vrouwen, gras, de Champions League en een bijna leeg stadion in Alkmaar.

Wie twee minuten voor AZ – Olympique Lyon even de ogen sluit, hoort de aankondiging van de beroemde Champions League, die voor mannen. De bombastische hymne schalt door het stadion. Wie weer opkijkt, merkt dat het stadion veel te groot is voor deze wedstrijd, zelfs bij gratis toegang. Tweeentwintig vrouwen schudden elkaar de hand voor de aftrap.

In de Champions League voor vrouwen is bijna alles anders dan bij de mannen. Maar de hymne, een bewerking van een stuk van Händel, knalt overal in Europa uit de boxen. Het niveau van het voetbal valt overigens niet mee en landskampioen AZ verliest met 2-1 van de finalist van vorig seizoen. Het zal de achtste finales niet bereiken, met de uitwedstrijd te gaan.

Daar is Daphne Koster, een half uur voor de wedstrijd, gebruind en wel. Twee meisjes springen uit de auto van hun ouders, gillen van opwinding en vragen om de handtekening van Neerlands topspeelster. Koster is net terug van Sky Blue uit New Jersey, waarmee ze een seizoen in een schitterende competitie beleefde. Vliegen naar San Francisco, Chicago, Washington. De centrale verdediger nam het op tegen de beste spitsen van de wereld, van Marta uit Brazilië tot Kelly Smith uit Engeland. Elk duel voelde als een interland met Oranje. Ze voelde zich op en top prof.

Het stadionnetje van Sky Blue zat vol, met vierduizend toeschouwers. Hier, in Alkmaar, kan ze bijna iedereen de hand schudden, van de trommelaar die wat sfeer brengt tot de plukjes op de hoofdtribune en de vier supporters van Lyon.

Koster had, nu het Amerikaanse seizoen voorbij is, weer willen meedoen bij AZ, maar de formaliteiten zijn niet rond. Nog even geduld dus. Dat geeft haar de gelegenheid te vertellen over de ontvangst op het Witte Huis door Obama.

Ja, Barack Obama zelf, de president van de Verenigde Staten. Sky Blue was in 2009 kampioen geworden en wie kampioen is in Amerika, is groot en verdient een toespraak door de president. Ze stond een beetje achteraan, bij de wat langere vrouwen, en zag zijn donkere hand vooral handen op de eerste rij ontmoeten. Maar als we willen kunnen we op Youtube kijken: Koster en Obama.

En dan kom je terug in Nederland, pak je het leven weer op, bij de KNVB in Zeist en als speelster van AZ, de club die alle kampioenschappen (drie) tot nog toe won in de eredivisie, en dan hoor je dus wat de trainer van de mannenploeg van AZ heeft gezegd. Gertjan Verbeek vond het maar niets dat AZ – Lyon op de prachtige grasmat van het AFAS Stadion stond gepland. Vrouwen, op zíjn gras? Hij zei eerst dat ze huppeltutjes waren. Toen daar enig protest klonk, niet van de AZ-leiding overigens want die hangt de vrijheid van meningsuiting aan, noemde hij ze 'sportieve meiden die plezier hebben in het voetbal, maar recreatief bezig zijn.'

Koster weet niet precies hoe Verbeek zich heeft uitgedrukt, maar ze vindt het vervelend. Typisch ook. Waar de sport in Amerika is gegroeid, waar ze na wedstrijden drie kwartier handtekeningen uitdeelt en waar mensen het knap vinden dat zo'n blonde Nederlandse meid haar geld verdient met voetbal, daar ontmoet ze in Nederland meteen weer die negativiteit van een trainer die het aloude adagium over vrouwenvoetbal uit de kast haalt: zonde van het gras.

Enfin. Terreinmeester Vermeulen vindt het helemaal niet erg dat de vrouwen het gras betreden. Hij had ook zo zijn twijfels toen AZ drie jaar geleden begon met een vrouwenteam in de eredivisie, maar hij heeft de ploeg zien groeien. Als je het hem eerlijk vraagt, heeft hij liever lichtvoetige vrouwen op zijn gras dan de spelers van Jong AZ, om een dwarsstraat te noemen.

Hoe de toekomst van de vrouwen overigens is, is enigszins ongewis. De leiding van AZ, woensdag in Den Bosch waar de mannen voetbalden in de KNVB-beker, evalueert het vrouwenteam in november. De ploeg kost vooral geld en levert weinig op. In een tijd van bezuinigingen is dat nooit zo'n lonkend perspectief, hoewel Vermeulen inmiddels voorstander is.

AZ heeft ook weinig gedaan om de wedstrijd onder de aandacht te brengen. Teammanager Marleen Molenaar is vertrokken. Dat scheelt een berg publiciteit. Er is wel een lunch met de besturen, een hymne dus, plus een training op de avond voor de wedstrijd in het stadion. Dat zit zo: de vrouwen van AZ voetballen normaliter bij Telstar, maar in de Champions League moet de tegenstander op de avond voor de wedstrijd in het stadion kunnen trainen. Dat was onmogelijk, want Telstar voetbalde dinsdag tegen Fortuna, ook voor de beker. Vandaar de verhuizing naar Alkmaar, vandaar de opmerkingen van Verbeek.

Verbeek kan gerust zijn. Ze zijn heel voorzichtig geweest met zijn gras. AZ verliest, en bij het afscheid schalt die ene, in Alkmaar bekende kreet door het lege stadion: rettekettetteketet.

De vrouw en de macht van de bal

12 juli 2011

Nederlandse vrouwen strijden om meer aandacht en meer kansen op het veld. Wie uit Palestina komt, heeft het nog veel moeilijker om te mogen voetballen. Vrouwen emanciperen ook door hun rol op te eisen in het mannenbolwerk bij uitstek, voetbal. Het WK in Duitsland is dan een mooi podium.

Ze is Palestijns, christen, geboren vlak bij de Geboortekerk in Bethlehem, en ze is verliefd op voetbal sinds ze zich kan heugen. 'Ik schopte in de buik van mijn moeder.'

Honey Thaljieh, die met haar team Diyar op bezoek is in Duitsland ter gelegenheid van het WK voetbal voor vrouwen, laat foto's zien van haarzelf met Ronaldo en Messi. Ronaldo draagt een sjerp met het woord Palestina. Ze ontmoette de wereldsterren in 2009, toen de Palestijnse afvaardiging een aanmoedigingsprijs van de FIFA kreeg tijdens een jaarlijks gala. Thaljieh is de voorvechter van het vrouwenvoetbal in Palestina. En dat is een strijd met hoofdletters: vrouw, Palestina, voetbal.

Ze was voorbestemd om Koningin Voetbal van Palestina te worden. 'Ik gaf nergens om, alleen om de bal. Maar een meisje moest vrouwelijk zijn. Haar toekomst was anders. Je hoorde als meisje te wachten op een man, op een echtgenoot. Je benen mochten niet te hard worden. Dan keken mannen niet meer naar je.'

Ze was christen en het enige meisje dat voetbalde in Bethlehem. Het was rond het begin van de Eerste Intifada, in 1987. Ja, ze herinnert zich voetbalmomenten aan de hand van oorlogsdata. 'Voor jongens was het makkelijk. Jongens zijn jongens, die voetballen waar ze willen.' Zij voetbalde in een korte broek, maar dat kon niet in het openbaar, want moslims wilden geen schaars geklede vrouwen zien. Zo was er altijd strijd te leveren, maar steeds meer meisjes sloten zich aan bij Honey, met haar gitzwarte krullen en donkere ogen. Dan voetbalden ze onderling, in een zaaltje, waar niemand ze verder kon zien.

'Mijn ouders dachten: ach, laat haar maar voetballen, dat gaat vanzelf over. Ik heb ze verrast. Voetbal is mijn passie. Ik leerde dat voetbal iets kan veranderen in de wereld. Voetbal is mijn vredesboodschap. Als ik ja zeg, is het ja, en ik zei ja tegen het voetbal. Ik ben nooit bang geweest, ondanks soms bedreigende taal, en wierp me met al mijn zelfvertrouwen op als ambassadeur van het voetbal.'

Jaren later is voetbal voor vrouwen in zekere zin geaccepteerd in Palestina. Althans, in Bethlehem. Maar in de strenge gemeenschappen in Nablus, Hebron en Jericho is dat veel minder het geval. Daar spreken ze nog steeds schande van voetballende meisjes, daar is nog zendingswerk te verrichten. Haar clubteam Diyar is daarom hier, bij het WK in Duitsland, om de missie uit te dragen.

Thaljiej vertelt over 26 oktober 2009, toen de vrouwen van Palestina tegen Jordanië speelden; hun eerste interland. Ze was geblesseerd en huilde. Drie minuten voor tijd viel ze in. Ze moest meedoen, op deze historische dag, al was het maar even.

Overal hebben vrouwen gestreden om hun recht op voetbal op te eisen. In Duitsland was voetbal voor vrouwen zelfs verboden tussen 1955 en 1970. In de jaren vijftig werden wedstrijden onderbroken door de politie. De afwijzende Duitse mening over vrouwenvoetbal was onder meer gebaseerd op een rapport van de Nederlandse arts en antropoloog Frederik Jacobus Buijtendijk, die zinnen schreef als: 'Trappen is specifiek mannelijk. Of getrapt worden vrouwelijk is, laat ik in het midden. In ieder geval is het niet-trappen vrouwelijk.'

Voetbal voor vrouwen was niet esthetisch. Ze moesten afblijven van het speeltje van mannen. Bovendien: vrouwen die voetbalden waren toch manwijven? Ze waren op zijn minst lesbienne. Schitterend is een oud filmpje op internet, waarin stevige Duitse vrouwen in zwart-wit een balletje trappen. Het is slecht weer. Je ziet ze korte passjes geven, op een veld vol plassen. De commentator: 'Meisjes, kijk toch uit dat jullie niet vallen, want jullie moeten de kleren zelf uitwassen.' Zonde van het gras, was zo'n andere, vaste grap.

Veertig jaar later is Duitsland in de ban van voetballende vrouwen, hoewel ook nu nog kritiek bestaat. Hoogleraar Duitse literatuur Hannelore Schlaffer schreef aan de vooravond van het WK een vernietigend essay in Die Welt. Ze stelde onder meer: 'We beleven de laatste inbreuk van de vrouwen op een typisch mannenbolwerk. Maar we zien niets meer van de lachende charme van vrouwen. We zien alleen nog vrouwen die zich gedragen zoals vrouwen zich niet zouden moeten gedragen; vol strijd, met verwrongen gezichten, ruw.'

Maar de stadions zitten vol, de kijkcijfers exploderen, ruim een miljoen van de bijna zeven miljoen leden van de Duitse voetbalbond is vrouw, en international Fatmire Bajramaj is het symbool van de vrijheid, hoewel haar rol op het WK marginaal was. Ze is mooi, ze vertelt zonder terughoudendheid dat ze zich opmaakt voor de wedstrijd, ze is geboren in Kosovo en begon tegen de wil van haar vader te voetballen. Haar opa dreigde haar zelfs van school te halen. Pas in Duitsland vielen de belemmeringen weg. 'Ik wil een voorbeeld zijn voor meisjes, ook voor buitenlandse meisjes. Een integratiefiguur', zei ze kort voor het begin van het WK tegen de Frankfurter Allgemeine. Ze vertelt dat ze nog elke dag brieven krijgt van meisjes die van hun vader niet mogen voetballen. 'Het liefst zou ik die vaders eens goed door elkaar schudden en zeggen: word eens wakker. We zijn in Duitsland. Wees blij dat we hier wonen.'

Blij dat ze in Duitsland wonen, zijn ook de meisjes die op een zonnige maandag meedoen aan een toernooitje op een plein in Prenzlauer Berg in Berlijn, waar kinderen van scholen uit Kreuzberg het WK naspelen. Ze hebben officieel geloot. Elk team is een land en heeft zich verdiept in de gewoonten van dat land. Sommige meisjes voetballen met een hoofddoek en lange broek, bij een temperatuur van tegen de dertig graden. Als een meisje met een schitterende reflex een kiezelhard schot van een jongen uit de bovenhoek van het doel ranselt, springt ze met gebalde vuist in de rondte.

In het veld zijn ze helemaal vrij. Daarbuiten zijn ze verlegen of onwillig om over hun situatie te praten. Steeds meer meisjes komen bij Maria uit Libanon staan. Maar als de hoofddoek ter sprake komt, haakt Maria af. Ze kijkt naar de grond en vraagt of ze mag vertrekken. 'Daarover wil ze niet praten', zeggen vriendinnetjes. Niet alle ouders vinden het fijn dat hun dochters voetballen.'Het zijn bijna allemaal Turkse en Arabische meisjes', aldus leraar Ronald Kuropka van de Jens-Nydahl school uit Kreuzberg. 'Bijna geen van de meisjes is lid van een club. Dat willen de ouders niet. Maar velen wilden meedoen aan ons toernooi. De kleding konden ze vaak niet betalen. Voor sommigen heb ik schoenen gekocht. Bij een eerder toernooi moest een vrouwelijke begeleider mee.'

Tijdens het toernooi bestaan teams uit twee jongens en twee meisjes. Die indeling is bewust zo gemaakt. Eerst keken de jongens raar op. Zo van: hebben wij dat. Later zagen ze de praktische kant. Kuropka: 'De jongens leerden beseffen dat ze de meisjes nodig hebben om wedstrijden te winnen. Daarop besloten ze dan maar zo goed mogelijk samen te werken.'

Zo worden overal in Berlijn initiatieven ontplooid tijdens het WK, en vaak hebben die te maken met integratie of het bieden van gelijke kansen. Orock Thomas Eyong van de stichting United Action for Children uit Kameroen weet waarom: 'Voetbal is de snelste manier om mensen bij elkaar te brengen. Jongens worden in Kameroen van nature meer gerespecteerd dan meisjes. Door het voetbal mobiliseren we allebei de groepen. We geven basale opvoeding, met behulp van voetbal, door jongens en meisjes samen te laten spelen.

'Ze doen ook allerlei andere activiteiten, zoals het opruimen van hun dorp of het verzorgen van het vee. We houden ook discussies over thema's als hiv of werkloosheid. De bal staat daarbij voor eenheid. Op één veld voetballen 22 spelers met één bal, welke kleur ze ook hebben. De meisjes waren eerst verlegen en werden uitgelachen door de jongens. Ook zijzelf zagen voetbal als spel voor jongens. Nu doen ze zonder complex mee. Ze nemen hun eigen bal mee naar het veld om oefeningen te doen. Ze komen op voor zichzelf. Voetbal is de gezamenlijke passie waarin ze willen delen.'

Honey Thaljiej vertelt dat ze onlangs hoorde dat een ander meisje in Palestina haar naam had gekregen, omdat zij een voorbeeld was geweest. Tot voor kort wist ze niet anders, of zij was de enige Honey in Palestina. Dat ze niet meer uniek is, heeft ze graag over voor het voetbal. Want ze kent de boodschap: 'Met de bal kun je de wereld om je heen veranderen.'

Een promotie, van mannen naar vrouwen

15 juli 2011

Roger Reijners verlaat de bijna failliete boedel van Fortuna Sittard en is de opvolger van Vera Pauw als bondscoach. Hij oriënteert zich op zijn nieuwe baan bij het WK van 2011 in Duitsland.

Natuurlijk heeft Roger Reijners (47) al tientallen malen moeten uitleggen waarom hij als trainer van Fortuna Sittard overstapte naar de nationale vrouwenploeg van de KNVB. Het antwoord bestaat uit één woord: ambitie. Het tweede antwoord zou kunnen zijn: mogelijkheden.

Schitterend, zegt Reijners een paar keer spontaan over de sfeer tijdens het WK voor vrouwen in Duitsland, dat morgen zijn ontknoping krijgt in de finale Verenigde Staten - Japan. Hij is voor de gelegenheid neergestreken in een café bij Wolfsburg, in de Altstadt van Fallersleben, een paar uur nadat de Braziliaanse Marta twee keer heeft gescoord tegen Noorwegen. Mooi toernooi, oordeelt hij. Goed voetbal, veel volk op de tribunes.

Zijn laatste seizoen als trainer van Fortuna Sittard, in de marge van het betaald voetbal, was het moeilijkste dat een trainer kan beleven, ook omdat door de financiële zorgen allerlei zaken gebeurden waarop hij geen greep had. Eerst werd de licentie afgenomen door de KNVB. Toen de vergunning uiteindelijk toch loskwam, stond nog één voetballer onder contract. 'Het gras stond zo hoog, letterlijk.' Hij wijst tot aan zijn knieën.

Het was bijna een sportief wonder dat Fortuna zich handhaafde in de eerste divisie, waarna de club nochtans met een andere trainer verder wilde. Reijners mocht blijven in een andere functie, als technisch coördinator, maar hij ging in op het aanbod van de KNVB om Vera Pauw op te volgen als bondscoach. Kwalificatie voor het WK was toen al onmogelijk.

'Ik heb het fantastisch naar mijn zin', zegt hij zeven maanden later. 'Het is schitterend om met het vrouwenteam te werken. De motivatie is puur. De speelsters hebben erg veel energie om verder te komen, om telkens nieuwe doelen te stellen.'

Hij geeft een eenvoudige pass- en trapvorm als voorbeeld. 'Zo'n oefening doen ze intensief om er alles uit te halen, voor mijn part een half uur lang. In het verleden bij Fortuna gebeurde het wel eens dat de spelers na een paar minuten om een ander vormpje begonnen te vragen. Dan nam de concentratie af.'

Verder trekt hij geen vergelijkingen met de mannen. Geen denken aan. Dat probeert hij zijn omgeving ook altijd te verduidelijken, als ze hem vragen of het geen forse achteruitgang is, van het betaald voetbal naar de vrouwenploeg. 'Wüst is geen Kramer, Van Moorsel geen Boogerd, De Bruijn geen Van den Hoogenband en mannenvoetbal geen vrouwenvoetbal. Het enige dat telt is dat we moeten presteren. Tijdens het EK van 2009 is de belangstelling voor de vrouwenploeg gewekt, nu zullen we structureel deelname aan toernooien moeten afdwingen.'

Reijners is daarbij geen man van de barricaden. Hij gaat niet toeteren dat Ajax, PSV en Feyenoord zich moeten schamen dat ze geen elftal afvaardigen aan de eredivisie voor vrouwen, dat zij de aangewezen clubs zijn om de competitie een impuls te geven. 'Die beslissing is aan de clubs zelf. Ze moeten daar zelf achter staan, met het gevoel dat ze ook meiden een podium kunnen bieden.' Hij geeft ook geen oordeel over AZ en Willem II, als die zich terugtrekken.

Hij heeft zijn eigen ambities. De aanstaande EK-kwalificatie bijvoorbeeld, met Engeland als belangrijkste tegenstander. Een moeilijke opponent, als kwartfinalist van het WK na strafschoppen uitgeschakeld door Frankrijk. Het is zaak om hard te trainen, om goede wedstrijden te spelen. Reijners spreekt veel met de internationals, hij zoekt ze op en probeert zoveel mogelijk met ze te trainen en toernooien te spelen.

Het team was al in Sao Paulo, waar met 3-2 werd verloren van Brazilië, en bij een toptoernooi op Cyprus. De Nederlandse vrouwen speelden wedstrijden tegen de WK-deelnemers Canada, Nieuw-Zeeland en Noord-Korea. Ook was daar onlangs een duel tegen Duitsland, dat met 5-0 werd verloren. Dat geeft aan hoeveel werk nog te verrichten valt.

Reijners zat naast bondscoach Neid tijdens de persconferentie in een volle zaal in Aken. Duitse verslaggevers vroegen haar of het niet allemaal te gemakkelijk ging, in de voorbereiding op het WK. Reijners zag hoe het WK leefde in Duitsland, en hoe goed die Duitse speelsters zijn. 'Elke Duitse legt de bal 40, 50 meter weg. Zo ver zijn wij nog niet.'

'We hebben een hoop te doen, willen we structureel deelnemen aan de grote toernooien. Technisch beter worden, fitter zijn, jonge speelsters laten doorstromen. Het is nooit genoeg.'

Gul applaus na kansloos verlies

9 april 2013

In de aanloop naar het EK-voetbal in Zweden oefent het nationale vrouwenelftal tegen sterke tegenstanders. Amerika blijkt veel te goed: 3-1. 'We hebben dit soort duels nodig om te groeien.' Ruim zes jaar na deze uitspraak speelt Nederland de WK-finale tegen de Verenigde Staten.

Spring maar achterop bij mij, achterop de fiets, zong rapper Gers Pardoel tijdens de rust van Nederland - Verenigde Staten, een oefeninterland in het vrouwenvoetbal. Maar zo makkelijk als dat gaat bij vriendschappen, even meeliften, is topsport niet. Voor en na Pardoels lyriek bleek de kloof tussen de wereldtop en de subtop van Europa immens, hoewel de uitslag (1-3) redelijk was.

Bijna euforisch reageerde het stadion toen de razendsnelle Manon Melis, de beste bij Nederland, in de slotfase met een fijnzinnig lobje scoorde. Het was het 45ste doelpunt in 97 interlands voor de aanvaller van Malmö. Zelfs de wave ging even door het stadion, waarbij de lege plekken als golfbreker fungeerden.

Ja, het stadion had lol op deze kille avond. Supporters keuvelden, ze amuseerden zich met Pardoel en volksliedvertolker Jan Smit. Ze moedigden fanatiek aan, terwijl het favoriete elftal vrij matig voetbalde. Het is die naïviteit op de tribunes die zowel hartverwarmend als een beetje onwezenlijk is, zeker voor degenen die veel mannenvoetbal zien. Na de wedstrijd was daar zelfs een gul applaus, zoals het eigenlijk hoort in de sport. Twee ploegen hebben gestreden, de een was gewoon beter dan de ander. Klaar.

'We hebben deze wedstrijden nodig om te groeien', concludeerde bondscoach Roger Reijners, die afgelopen week met 1-0 had gewonnen van Denemarken en voor het EK nog oefenduels heeft tegen Australië en Noord-Ierland, beide in Velsen. 'We willen ons positiespel spelen in de opbouw, dat heb ik in sommige fasen teruggezien.'

Het veelal jonge publiek in het halfvolle stadion van Den Haag liet een schel gejuich opstijgen als het elftal van Reijners ook maar enigszins dreigend de middenlijn overstak, hoewel dat zelden gebeurde. Het krachtsverschil was eenvoudig te groot. En het was maar goed dat bondscoach Tom Sermanni van de Verenigde Staten zijn reserves liet aantreden, anders was het mogelijk een waarlijk pijnlijke avond geworden. De sterkste Amerikanen, onder wie de topaanvallers Wambach (wereldspeler van het jaar) en Morgan, hadden vrijdag gespeeld tegen Duitsland (3-3) en bleven in Den Haag op de bank, al viel Morgan nog tien minuutjes in. De beroemde doelvrouw Hope Solo ontbrak sowieso met een blessure.

Overigens zijn ook de meeste reserves ervaren en gelouterd. De top is breed in Amerika, een van de eerste landen waar vrouwen op niveau voetbalden. Sermanni test vele speelsters uit. Zijn ploeg reist nu naar huis, waar dit weekeinde de competitie begint.

Het is ook geen schande, die schrobbering van dinsdag. Het geeft vooral aan hoe lang en zwaar de weg is naar de top, zeker dat laatste gedeelte. De Amerikanen waren beter in alles: meer techniek, sterker, slimmer, doortastender. Zelfs Daphne Koster, beschouwd als de beste international van Nederland, ging geregeld in de fout. Ze viel overigens geblesseerd uit, nadat ze de bal blokte en vermoedelijk haar enkelband verrekte.

De Verenigde Staten staan eerste op de wereldranglijst, zijn veelvoudig wereld- en olympisch kampioen, finalist op het laatste WK, olympisch kampioen. Nederland, 14de op de ranglijst van de FIFA, heeft nog nooit meegedaan aan een WK of aan de Spelen. De Oranje Leeuwinnen, vooralsnog meer een marketingterm dan een geuzennaam, doen in juli in Zweden voor de tweede keer mee aan het EK, nadat ze in 2009 in Finland verrassend de halve finales bereikten, onder toenmalig bondscoach Vera Pauw. Ze ontmoeten straks Duitsland, Noorwegen en IJsland.

Ze willen dolgraag beter worden, ze hebben betere tegenstanders nodig om een hoger niveau te bereiken. De Amerikanen zijn ongeveer net zo goed als de eerste opponent op het EK, het Europese topland Duitsland. Natuurlijk is ontwikkeling waarneembaar, op elk vlak. Vrouwenvoetbal groeit nog steeds sneller dan welke sport dan ook in Nederland, tot bijna 127.500 leden in juli vorig jaar. Die groei is terug te zien bij de clubs waar de toppers voetballen.

Nederland en België hebben sinds dit seizoen samen een profcompetitie, de BeNeLeague. Toch is dat voor velen niet genoeg. Ze trekken naar vooral Zweden en Duitsland, naar de sterkste competities van Europa. In dat verband was het opvallend dat slechts vijf speelsters uit de basisploeg in Nederland actief zijn. Dat is aanmerkelijk minder dan onlangs bij het mannenelftal van Van Gaal, die acht voetballers uit de eredivisie het vertrouwen schonk.

Enfin: Tobin Heath en Christen Press (2) scoorden, alvorens Melis het volk liet opveren. Dat was mooi, dat enthousiasme van het publiek, dat zich tijdens de rust al had laten opzwepen door Gers Pardoel, met diens andere kraker: Ik neem je mee.

Een plekje op planeet voetbal

8 juli 2013

Nederland is onderweg naar het EK van 2013, waar de prestaties uiteindelijk tegenvallen. Drie gespeeld, een punt, geen enkel doelpunt. Roemloze uitschakeling. De weg naar de top is lang.

Een collega steekt, als ik over vrouwenvoetbal begin, steevast twee vingers in de oren, onderwijl heel hard 'lalala' zingend. Af en toe roept hij wat boven zijn eigen gezang uit, smeekt hij liever gezegd: ben je klaar? Zo ja, dan stopt hij. Zo nee, dan lalaat hij door, tot het einde der dagen desnoods.

Vrouwenvoetbal dus. Het is weer EK-tijd en we zijn onderweg, voor het derde eindtoernooi op rij: een EK met Nederland in Finland (2009), een WK zonder Nederland in Duitsland (2011), nu weer een EK met Nederland in Zweden. Tikken op een veerboot op de Oostzee. Tussenstop in Denemarken, vandaag verder naar Växjö, speelstad van de nationale ploeg. Donderdag treft Nederland daar Duitsland, de Europees kampioen.

De weerstand van vrouwenvoetbalhaters dan wel het feit

dat de grote clubs van de mannen alweer trainen, spelers kopen en verkopen; het is makkelijk te weerstaan allemaal. Zo'n EK is een avontuur, alsmede een nieuw markeringspunt in de evolutie van het spel.

Ja, het is inderdaad bijna een andere sport, het vrouwenvoetbal, zoals Marianne Vos andere sport is dan Bauke Mollema en de tennisfinale Bartoli - Lisicki niet te vergelijken valt met Murray - Djokovic. De soorten kunnen gewoon naast elkaar leven en zelfs van elkaar leren, als het goed is.

Het voetbal van vrouwen is alleen nog niet zo ver op de tijdlijn van de ontwikkeling. Wat geeft dat: de wedstrijden zijn doorgaans open, de ambitie is groot, de mentaliteit uitstekend, gezeur is een zeldzaamheid, simuleren eerder uitzondering dan regel, en het gaat niet eeuwig over geld of over spelers die toe zijn aan een nieuwe uitdaging als ze vier ballen recht vooruit hebben getrapt.

Nee, een vrouwelijke uitvoering van Messi zie je jammer genoeg nog niet. En inderdaad, soms welt een gedachte op: wat een verschrikkelijk voetbal. Dat gevoel leeft nu en dan trouwens ook bij NAC of bij Roda JC. Soms denk je ook: wat traag, dat spel. Schiet eens op dames.

Het is vergelijkbaar met de mijmering over de mannen, wier voetbal eigenlijk te snel is geworden. De techniek legt het dan af tegen de ambitie van de trainer om het spel te spelen in de kleinst mogelijke ruimte, in het hoogst mogelijke tempo.

Maar het belangrijkste van het EK voetbal voor vrouwen is dat het sport is van mensen die alles geven voor een kampioenschap, die dromen van een grote beker, zoals iedere topsporter. Verder hoeft vrouwenvoetbal ook helemaal niet zo groot te worden als het spel bij de mannen, dat bijna uit zijn voegen barst met zijn megalomane trekken.

Gewoon een mooi plekje vinden op planeet voetbal, dat is voorlopig genoeg voor de vrouwen. En als ze daar onder de zon mannen zien zitten met vingers in de oren of handen voor hun gezicht, laat die dan maar zingen, van 'lalala' desnoods.

Aanval op wereldtop is een kwestie van tijd

8 december 2014

Het EK is mislukt, het WK van 2015 in Canada is bereikt. Nieuwe spelers staan op. Vivianne Miedema bijvoorbeeld, fenomeen in de dop. Topschutter. Tiener.

Onthoud voor het gemak even die sleepbeweging van Vivianne Miedema tegen Italië, waarmee de tiener uit Drenthe Oranje naar het WK-voetbal dirigeerde, afdeling vrouwen. Het was een frivool, begaafd tussenstapje in een proces van aanzwellend succes.

Wat zo mooi is aan sport, afgezien van die ene sprong van de turner of dat geniale doelpunt van de spits, is het proces dat leidt tot de euforie, de lange weg van gezwoeg in stilte, ver weg van camera's en aanbidding. Zeg maar: de ontwikkeling vanaf het moment dat Arie Selinger het Nederlandse volleybal bevruchtte met zijn fanatisme, tot die glorieuze dag in augustus 1996 waarop de sterspelers Blangé en Zwerver elkaar kusten met olympisch goud om de nek. Zweet van jaren vermengde zich met tranen van het moment.

Achteraf bezien is de versnelling in het ontwikkelingsproces van het nationale voetbal een van de mooiste periodes in de Nederlandse sport. Heerlijk, als je dat actief en een beetje wakker hebt gevolgd, in de jaren zestig en zeventig van de vorige eeuw. De professionalisering bij Ajax en Feyenoord onder leiding van de trainers Michels en Happel, met Cruijff en Van Hanegem als voetballende geniën en uitvoerders van de plannen. Gevolg: de verovering van Europa en de wereld, dankzij het groeiende besef dat de topsporter een vak uitoefent, gecombineerd met het fijnste talent uit Amsterdamse en Rotterdamse hoek.

Midden in zo'n proces, waarvan nooit zeker is waar het eindigt, zit het vrouwenvoetbal in Nederland. Ja, het is onvergelijkbaar met het spel van de mannen. Ja, het is anders in esthetische, fysieke en financieel-economische zin. Maar het momentum is interessant. In het geval van nu: de ontluiking van professionalisme, de eerste plaatsing voor een WK, de toewijzing bovendien van het EK van 2017 aan Nederland, alsmede de loting van afgelopen zaterdag voor het wereldkampioenschap in Canada. Met enige goede wil is de paring aan Nieuw-Zeeland, China en Canada gunstig te noemen.

Het toernooi lonkt aan de einder van het seizoen. De vorige vrouwenfinale, in Duitsland, was een machtig, meeslepend gevecht van stijlen tussen Amerika en Japan. De sport groeit, ondanks zijn soms bittere gevecht om erkenning en geloofwaardigheid. Voetbal is misschien wel een van de laatste bolwerken van de man. Het kost moeite om een plaats te verwerven in dat bastion. Maar het aanbod van speelsters in Nederland is geweldig, met nog steeds een winst van duizenden leden per jaar. Met een goede begeleiding en de juiste ontwikkeling van talent is de bestorming van de wereldtop een kwestie van tijd.

Probeer dus tussen hypeachtige taferelen rond de plaatsing de groei en de potentie te zien. Vergeet die verkeerde aanname van welke speelster dan ook, of de ogenschijnlijke onhandigheid aan de bal. Denk liever aan de mooie lente van 2015, waarin de keuze tussen de seksen in het aanbod aan voetbal overigens helemaal niet nodig is. Op donderdag 11 juni spelen de vrouwen bijvoorbeeld hun tweede WK-duel, in Edmonton tegen China. Op 12 juni voetballen de mannen in Letland, in een poging dichter bij het EK te geraken, al dan niet met bondscoach Hiddink op de bank.

Juni is ook in het oneven jaar 2015 een volle voetbalmaand. Mooi toch? Vergeet dan even de verschillen. Nou ja, om er toch één te noemen: het verschil tussen straks okselfrisse vrouwen, hongerend naar een toernooi dat ze voor het eerst beleven, contra mannen in een door en door commerciële sport. Na een dodelijk vermoeiend seizoen moeten ze dan nog één kunstje flikken. Even van Letland winnen in Riga. Succes.

Toppers in München

21 december 2014

De beste voetballers van Nederland (man en vrouw) ontmoeten elkaar in München. Voor het eerst. Vivianne Miedema en Arjen Robben. Zij 18 en een belofte. Hij 30 en een ster. Overeenkomst: twee technische aanvallers in dienst van Bayern.

De nummers 10 van Bayern München begroeten elkaar met een handdruk in een restaurant buiten München. 'Hallo. Vivianne', stelt Miedema zich voor.

'Hallo. Arjen', zegt Robben. Hij is zorgzaam. Haar enkelband is gescheurd. 'Wil je niet met je voet omhoog zitten?' Dat hoeft niet.

Een Groninger en een Drent, samen in de Zuid-Duitse metropool. Ze hebben elkaar nog nooit ontmoet. Miedema, sinds een paar maanden bij Bayern, is met metro en tram gekomen. Robben: 'Kon dat met die enkel?' Haar auto heeft ze uitgeleend aan een vriendin die naar de dokter moest.

In de stad heeft ze al fans zien lopen in Miedema-shirt. 'Op ons Twitteraccount staat soms: het zusje van Robben. Er lopen ook veel meisjes in Robben-shirts.' Zij weet meer over hem dan hij over haar. Hij stelt vragen. Hebben jullie ook Duitse internationals? Spelen jullie in de Champions League? Hebben jullie vaste rugnummers?

Robben keek naar Italië - Nederland, het duel waarin de vrouwen zich plaatsten voor het WK in Canada. 'Ik miste het eerste kwartier. Ze had al gescoord.' Hij zag haar tweede doelpunt, na een prachtige sleepbeweging. 'Dat was echt een mooie goal. Ik leefde mee. Voor die meiden is het fantastisch om een WK mee te maken. Je kunt zien dat ze goed is door de manier waarop ze met de bal omgaat. De techniek, de beheersing, de klasse. Ze bleef zo rustig voor de doelman. Menig spits schiet gewoon. Zij ging er rustig omheen. Dat is kwaliteit.'

Zij gaat meestal naar het stadion als Bayern speelt. 'Wij zitten dan heel dicht bij het veld. Er komt iets los in het stadion als hij de bal heeft. Spelers als Arjen zijn een voorbeeld voor de jeugd. Wij zeggen altijd op de tribune: we weten dat hij binnendoor gaat, maar elke keer gaat hij er weer langs en maakt hij weer een goal.' De bal eerder afgeven? Miedema: 'Dat zeggen ze bij elke bal van Arjen.' Robben: 'Ik ben gewend dat ze dat zeggen.'

Ook zij is prof. Ze kan leven van voetbal en een beetje sparen. Ze traint zeven keer in de week, maar 'in niets' kun je hun situatie vergelijken. Bij de mannen zijn er wachtlijsten voor seizoenkaarten, de vrouwen spelen voor een paar duizend toeschouwers in het Grünwalderstadion. 'Tegen Frankfurt zaten er 4.000.'

Het is een schitterend jaar voor allebei. Zij: Europees jeugdkampioen, plaatsing voor het WK, een contract bij Bayern. Hij: kampioen en bekerwinnaar, uitblinker met Oranje op het WK, sportman van het jaar. Ze kijkt een beetje tegen hem op, maar van afgunst is geen sprake. Ze heeft al zo vaak gehoord: was je maar een man, met jouw talent. 'Vroeger, als ik meespeelde met jongens, hoorde ik vaak: ach, ze is een meisje, die kan niet voetballen. Na de wedstrijd had ik er dan vaak vijf of zes in liggen. Dan werd het anders.'

Robben lacht.

'Ik heb nooit meer het gevoel: was ik maar een jongen. Ik hoop mijn bijdrage te leveren aan de ontwikkeling van het vrouwenvoetbal.' Bij het verdelen van partijen werd ze vroeger min of meer lukraak aan een team toegevoegd. Dat was snel voorbij. Robben lacht nog harder. 'Grappig.'

Of hij haar favoriet is? Stomme vraag. In zijn bijzijn durft ze geen nee te zeggen. Robben: 'Mag best hoor.' Miedema: 'Ik ben een echte spits. Arjen speelt meer aan de zijkant. Als ik dan mijn favoriete spelers moet noemen, zijn dat eerder spitsen als Van Persie. Maar Arjen is een voetballer van wie ik ontzettend veel kan leren. Voor de wedstrijd tegen Italië keken we naar een filmpje waarop zijn doelpunten tegen Spanje voorbij kwamen. Dan denk ik bij die laatste sprint, voor de 5-1: dat zo'n sprint überhaupt nog uit zijn lichaam kan komen. Dat is dan wel één en al bewondering. Ongelooflijk. Als meisje, of als supporter, weet je waar je was op dat moment.'

Ze had een teamuitstapje met Heerenveen. Ze keken in de

kroeg. 'Ik was een beetje bang voor die wedstrijd. Na de 1-0 van Spanje ben ik even naar buiten gelopen. Ik was er een beetje klaar mee. Ik zag nog net de herhaling van de 1-1.'

In Brazilië sprak de wereld over Robben. Hij is een ster, hoewel hij niet van dat woord houdt. 'Ik ga me er niet anders door gedragen. Ik kan gewoon aardig voetballen, bij een fantastisch team. Thuis ben ik rustig, met mijn gezinnetje. Buiten zijn de mensen netjes en beleefd. Ze houden een bepaalde afstand.'

Onlangs liep hij over de kerstmarkt met zijn vrouw Bernadien. Lachend: 'Eventjes, snel.' Dan kijken mensen hem aan. En laatst was hij met zijn zoontje bij een zaalvoetbaltoernooi. 'Dan weet je dat je veel met foto's en handtekeningen bezig bent. Op een vrije zondagmiddag naar een drukke dierentuin gaan doe ik niet. Ik wil ook normaal leven met mijn kinderen.'

Zij kan opgaan in de menigte, zeker in München. 'Vorig seizoen in Heerenveen herkenden mensen me wel. En in mijn woonplaats Hoogeveen ook. Dan komen ze naar me toe, zelfs voor foto's. Het gebeurt steeds meer, maar het is totaal niet te vergelijken. Het is leuk en het hoort bij voetbal. Maar ik kan me voorstellen dat het anders wordt als het zo gaat als bij Arjen.'

Alles is verschillend, ook door hun persoonlijke status. Hij is 30, zij 18. Hij woont in een mooi huis met vrouw en drie kinderen. Zij deelt een appartement met een Noorse ploeggenoot van 29 en een Amerikaanse speelster van 21. Ieder heeft een eigen kamer, er is een logeerkamer en een gemeenschappelijke woonkamer. En ze hebben huisregels opgesteld, over schoonmaken en zo. 'Niet dat de een alles doet en de ander niets.'

Robbens vrouw ging meteen mee naar Eindhoven, vanuit Groningen en daarna naar Chelsea. Miedema kwam alleen naar München. Of dat moeilijk is? 'Nee, niet meer. In Heerenveen woonde ik ook al op mezelf. Dat was bedoeld als opstapje. Mijn moeder had een paar maanden kunnen meegaan, maar ik moet het toch alleen doen. Natuurlijk heb ik momenten dat ik thuis mis, maar het valt mee.'

Robben: 'Voor mij is het heel belangrijk geweest dat Bernadien meeging. Ik vind het knap van Vivianne. En dapper. Ze is met die twee meiden, maar je moet afwachten of het klikt. Haar familie en vrienden zijn ver weg. Ik had het vast gekund, maar ik ben blij dat het zo liep als het liep. Toen ik van Groningen naar PSV ging, zette ik twee stappen: uit huis en meteen samenwonen toen ik 18 was. We deden alles samen. Het was een logische vervolgstap. Anders was de relatie misschien voorbij geweest, of was het zo'n langeafstandsrelatie geworden. We hebben het er toen niet eens over gehad.'

Miedema voetbalde altijd, ook met haar broer Lars, die in de C1 van PEC Zwolle zit. 'Hij voetbalt vaak met de B1 mee. Hij is 1,90 en 14 jaar. Zijn schoenmaat is 48.'

Robben: 'Oh ja. Heb je één broer?'

Miedema: 'Ja. Ik ging altijd met mijn vader mee naar het voetbalveld. De keuze was: zwemles of voetbal. Ik zei: Ik ga op voetbal, anders ga ik ook niet op zwemles. Sindsdien heb ik altijd gevoetbald.' Ze speelde met HZVV D1 tegen Ajax-spits Zivkovic, die toen bij Groningen D2 zat. 'We wonnen met 7-3. Ik scoorde vijf keer, hij twee keer.'

Robben: 'Ja, echt?'

Miedema: 'Ik heb ook altijd tegen Daley Sinkgraven van Heerenveen gevoetbald.' Tot de C-tjes had ze 'totaal geen moeite om mee te komen. In de D-tjes was ik meestal sneller. De jongens hadden hun groeispurt nog niet gehad.'

Als kind was Robben nooit zo bezig met bedenken hoe goed hij was. 'Als je in de F-jes met 10-0 wint en negen keer scoort, ben je als kind ook niet gek. Maar ik heb nooit het gevoel gehad dat ik het ging redden. Ik wist dat profvoetbal voor weinigen was weggelegd. Het eerste elftal van Groningen, dat was al zoiets magisch, zoiets groots. Toen ik het telefoontje kreeg dat ik mee mocht met het eerste elftal, was dat echt een shock.'

Miedema kende Robbens vader al, die docent was in Groningen. Ze vroeg hem om advies over München. Ze kon kiezen uit 29 clubs, uit Zweden, Amerika, Duitsland, Engeland, Frankrijk en Brazilië. Robben lacht weer: 'Dat heb ik nooit gehad.'

Robben: 'Ik speelde bij een wereldclub, Real Madrid. Bayern was altijd wel een wereldclub, maar we hebben de laatste vijf jaar een geweldige ontwikkeling doorgemaakt. Ik ben er trots op dat ik daarvan onderdeel ben. Maar de keuze was lastig. Je kunt niet zeggen na een maand: shit, ik ga weer terug naar Madrid. Ik was nooit echt een dromer. Ik was me ervan bewust dat ik een lange weg te gaan had.'

Miedema denkt na, over wat zij wil hebben bereikt als ze 30 is, zijn leeftijd nu. 'Ik heb geen idee. Ik was ook nooit een grote dromer, maar een nuchtere Drent. Ik kijk uit naar het WK en vervolgens naar het EK van 2017 in eigen land. Mijn contract hier loopt nog 2,5 jaar. Dan zie ik wel wat op mijn pad komt.'

Robben heeft al drie WK's gespeeld. Hij was een van de beste spelers van het toernooi in Brazilië. 'Ik kijk met trots terug op wat we met zijn allen hebben gepresteerd. Ik heb genoten van alles, van de spirit, hoe we die weken hebben beleefd. Dat was bijzonder. Met mijn rol ben ik happy. Maar het is nog mooier om te zien hoe dat team groeide.'

Miedema: 'Wij leven al anderhalf jaar toe naar ons eerste WK. Nu we ons hebben geplaatst, ben ik er al mee bezig in mijn gedachten. Na de winterstop zal het teamgevoel groeien. Je ziet aan alles dat het niveau bij de vrouwen omhooggaat, dat veel landen sterker worden.'

Robben: 'Jullie hebben gunstig geloot, toch?'

Miedema: 'Het had erger gekund. Maar Canada is het thuisland en China is een van de toplanden uit Azië. Het moet kunnen, ook omdat de vier beste nummers drie doorgaan.'

Mannen- en vrouwenvoetbal vergelijken heeft geen zin. Miedema: 'Je moet het niet willen.' Robben: 'Het is anders, qua tempo en fysiek. Je ziet, voor zover ik dat kan beoordelen, dat ze goed zijn in de basistechniek. Je ziet duidelijk een systeem, de manier waarop ze willen spelen, hoe de bal rondgaat, het positiespel. Passen, handelen, snel doorspelen, dat is goed.'

Miedema: 'Dat komt ook omdat meiden van mijn generatie

altijd met jongens hebben gevoetbald. Dan moet je mee. En we zijn een stuk fitter dan vroegere generaties.' Zij kan meer leren van hem dan andersom. Miedema: 'Wij kijken niet echt naar andere vrouwenteams. Wij kijken naar de mannencompetitie en willen proberen zo veel mogelijk dezelfde waarden te bereiken. Sommige meiden studeren nog. Die gaan naar school, trainen daarna van zes tot acht en gaan dan nog studeren. Dat kennen jongens minder. En dan krijg je in Nederland alleen een onkostenvergoeding, waardoor je soms in het weekeinde moet werken. Meiden geven veel op om op het veld te kunnen staan.'

Hij hoeft alleen te voetballen. 'Ik vond het leuk je te ontmoeten', zegt hij bij het afscheid, voordat hij zijn zoon van school haalt. Hij wil haar naar het station brengen, met die enkel. Maar het gaat wel, zegt ze. Ze neemt de tram.

Bittere bestaansstrijd van de voetbalvrouw

9 maart 2015

Als clubs bezuinigen, kijken ze eerst naar het toch al armlastige vrouwenvoetbal. Hoe oneerlijk is dat. Maar FC Twente afdeling vrouwen overleeft. Gelukkig.

Dat is lekker makkelijk zo: een financiële janboel achterlaten bij een profclub en dan bezuinigen op die arme, onschuldige vrouwentak. Eerst was daar AZ, dat de kampioensploeg saneerde nadat de zilvervloot van Scheringa in 2009 ten onder was gegaan in het Alkmaardermeer. Gelukkig was Telstar zo vriendelijk de vrouwenboedel over te nemen.

Nu is daar FC Twente, dat de vrouwen figuurlijk uitkleedt en onderbrengt in een aparte stichting, nu in het horrorkasteel van vertrekkend voorzitter Munsterman overal deurtjes zijn geopend waarachter mombakkesen schuilgaan. Hoewel zijn bloedeigen dochter Marthe in het beste elftal van Nederland voetbalt, ontkomt de vrouwenafdeling niet aan de bezuinigingsdrift.

De jeugdopleiding dreigt te verdwijnen. Daarin was FC Twente uniek: scholing voor meisjes vanaf een jaar of 10, volgens een zelfde traject als jongens. Een meisje mocht dezelfde droom koesteren als een jongetje: prof worden.

Het is wat, met dat betaald voetbal. Aan de ene kant is daar de verkwisting. Rechtsbacks en anoniem meedravende middenvelders drie ton gemiddeld laten verdienen. Trainers ontslaan na een paar nederlagen op rij. Een technische staf aantrekken die, zoals bij FC Twente, bijna niet eens in de dugout past. En als het dan misgaat, de schade deels afwentelen op veredelde amateurs.

De vrouwelijke profs van FC Twente verdienen het minimumloon voor 20 uur en krijgen een autootje te leen. Sommigen wonen met een groepje samen in een appartement. Dat geeft allemaal niet, want ze zijn simpelweg gelukkig, als architecten van hun eigen ambities. Dat goede gevoel dreigt te verdwijnen, louter omdat de clubleiding wilde meedoen in het Tukkers roulette.

Jaja, het kan altijd erger: voorzitter Sepp Blatter van de FIFA vroeg in de aanloop naar Internationale Vrouwendag (afgelopen zondag) aandacht voor het feit dat vrouwen in Iran niet eens een stadion mogen bezoeken, om een wedstrijd te aanschouwen. Het is verboden door de geestelijken. Blatter heeft een paar jaar eerder nota bene over de problematiek gesproken met president Rohani. Dat valt hem dan toch tegen, een president die de adviezen van Koninklijke Hoogheid Sepp negeert.

In Nederland mogen vrouwen gelukkig naar het voetbal. Ze

mogen zelfs voetballen. De besten van Nederland kregen in 2007 een profcompetitie, een divisie die zich langzaam ontwikkelt, met vallen en opstaan, de ene keer zonder clubs uit België, dan weer met de buren.

De bittere strijd om een bescheiden bestaan in het felle schijnsel van de voetbalzon verdient steun. Voor volgend seizoen staan vooralsnog zeven clubs ingeschreven, inclusief Twente. Acht is eigenlijk een minimum, maar ja, een club als Feyenoord onttrekt zich aan de maatschappelijke ontwikkelingen, alsof het nog 1963 is.

De vrouwencompetitie is (nog) geen onverdeeld succes, zeker niet in financiële zin. Toeschouwers stromen mondjesmaat toe. Hoewel? Met 500, duizend, soms tweeduizend kijkers zou menige sport dolblij zijn. Het gaat er vooral om dat de snelst groeiende sport van Nederland een serieus podium verdient, zeker nu de nationale ploeg zich voor het eerst in de geschiedenis heeft geplaatst voor het WK en het EK van 2017 is binnengehaald. Het moment is daar om tussen zaaien en oogsten niet al te veel tijd te laten verstrijken.

Al dan niet aangezet door politieke druk, hebben clubs in het betaald voetbal tegenwoordig de mond vol van maatschappelijk verantwoord ondernemen. Inzake vrouwenvoetbal is die belofte nog iets te vaak een lachertje, een praatje voor de vaak. Lekker makkelijk zo.

Eindelijk naar het WK

29 mei 2015

Lieke Martens, Loes Geurts en Manon Melis zijn dragende spelers van de nationale vrouwenploeg. Ze verlangen enorm naar het WK in Canada.

Bijna verliefd spreken ze over het WK voetbal, hun eerste WK. Vol van bewondering, verlangen en met stijgend enthousiasme. Vandaag een oefenduel met Zweden in Toronto, daarna vliegen ze naar de eerste speelplaats: Edmonton. 'We moeten goed beginnen. Dan kunnen we groeien in het toernooi', zegt linksbuiten Lieke Martens.

Doelvrouw Loes Geurts deelde onlangs een bericht op Twitter van Ali Riley, international van Nieuw-Zeeland, op 6 juni de eerste WK-tegenstander van Nederland. Riley schreef: 'Ja, wij verdienen geld met voetbal. Ja, wij spelen in de Champions League. Ja, wij hebben een WK. En ja, wij zijn vrouwen.'

Geurts: 'Dat was op wereldvrouwendag. Ik was zo trots. Het WK is het ultieme toernooi.' Ze kan haar gevoelens bijna niet onder woorden brengen. 'Ik had nooit gedacht dat ik eens een WK zou spelen. Dat was echt een droom. En nu gaan we erheen.'

Geurts ging kijken bij het vorige WK, in 2011 in Duitsland, naar de wedstrijd Engeland - Frankrijk. 'Ik was jaloers.' Rechtsbuiten Manon Melis: 'Ik weet nog dat teamgenoten terugkeerden van het WK in 2007 in China. Ik hoorde de verhalen van de Zweedse meiden en zag hun foto's. Toen dacht ik: dat wil ik ook. Bij ons eerste EK, in 2009, was het al: wauw, wat mooi. Maar een WK is nog veel groter. Ik was bij Zweden - USA op het vorige WK. Volle stadions, alles op tv, een WK-journaal. Schitterend.'

Linksbuiten Martens, nuchterder: 'Ik keek televisie. Het is mooi om eens mee te maken.'

Geurts, Martens en Melis praten over voetbal en ze dromen mondiaal in Göteborg, na een met 3-0 gewonnen wedstrijd van hun club Kopparbergs tegen Hammarby in de profcompetitie van Zweden. Ze voetballen in een heerlijk rustig stadionnetje in de schaduw van het grote Ullevi, het zonnetje schijnt vriendelijk, het kunstgras is uitstekend, het combinatiespel snel. Je kunt ze horen, na een korte corner. Melis: 'Snel, dan ren ik erlangs.' Martens geeft de bal mee, Melis schiet, de doelvrouw redt bekwaam. Als Martens een schop vol op haar enkel krijgt en het uitschreeuwt, vraagt Melis: 'Gaat het?' Martens staat op, trekkebeent even en voetbalt weer.

De drie wonen bij elkaar in hetzelfde gebouw, ieder in een eigen appartement. Geurts: 'We leven ons eigen leven, maar als je elkaar nodig hebt, ben je in de buurt.' Melis: 'We gaan samen naar de training, op de fiets, met de tram of met de auto.'

Ze zijn fullprof in hun doen en laten, maar lang geen miljonair. Geurts: 'We kunnen ervan leven. Na het voetbal komt er weer iets anders op mijn pad. Maar ik zie mezelf later niet als hoofdtrainer. Ik ben meer iemand die ernaast staat om tips te geven.' Ze zijn ook geen sterren, zelfs niet in de grote, sterke competitie van Zweden.

'Niemand kent mij', denkt Martens. Volgens Geurts is dat te bescheiden gedacht: 'Ik denk dat als jij iets raars zou doen, binnen no time de stad dat zou weten. En als ik zeg dat ik voetbal, komen ze al vlot met de naam Manon Melis.'

Het WK is de poort naar grotere bekendheid. Hun clubtrainer Stefan Rehn is oud-international en WK-deelnemer in 1994. Hem hoef je niets uit te leggen over vrouwenvoetbal. 'Ze bedriegen niet, trekken weinig aan shirts en vallen niet zo vaak.' Hij is zeer tevreden met zijn Nederlandse trio, dat even kort op rapport gaat. Over Melis: 'Ze is snel en slim. Daarvan kunnen we nog meer gebruikmaken. Ze creëert ruimte, voor zichzelf en anderen.'

Over Geurts: 'We voelen ons veilig als Loes keept. Haar voetenwerk is uitstekend.' En over Martens: 'Zo ongelooflijk technisch.' De coach complimenteert ze vooral om het lezen van het spel, om hun tactisch inzicht. Melis, lachend: 'Ja, wij komen uit Nederland. Daar leer je al als kind van 10 wanneer je als buitenspeler naar binnen moet trekken.' Geurts: 'Wij hebben zo veel les gehad in voetbal.'

Ze zijn gewend aan tactische verhandelingen, zeker bij

bondscoach Roger Reijners, de op het oog bedaagde Limburger. Melis: 'Maar die kan boos worden, hoor.' Martens: 'Dat moet soms ook. Als het beter moet, bijvoorbeeld.' Geurts: 'Hij geeft precies aan wat er dan beter moet. Dan accepteer je zijn boosheid.'

Ze vinden het daarbij fijn dat de assistent-bondscoach een vrouw is. Melis: 'Sarina Wiegman heeft zo veel ervaring, ze weet precies hoe wij ons voelen. Zij heeft als vrouw ook in het Nederlands elftal gespeeld en is altijd een voorbeeld geweest. Ik kende één naam van het Nederlands elftal vroeger en dat was die van Sarina Wiegman. In die tijd speelde de nationale ploeg nog op amateurvelden. Toen ik begon bij het Nederlands elftal speelden we ook nog bij Saestum. Kun je nagaan hoe veel er is veranderd. Alles is veranderd.'

Geurts: 'En de komende tien jaar verandert weer alles.' Melis: 'Dat is dan fijn voor de generatie na ons.'

Het WK is weer zo'n mijlpaal. Melis: 'Bij ons debuut tijdens het EK van 2009 was alles nieuw. Dat gevoel hebben we nu ook weer bij ons eerste WK. Dat is goed, niet precies weten wat je kunt verwachten en hoeveel mensen er komen kijken. We reizen veel, er is veel meer media-aandacht dan toen en een hoger verwachtingspatroon. Ik denk dat we het goed gaan doen.'

Ze berekenen hun kansen. Canada is achtste op de wereldranglijst, Nederland twaalfde, China en Nieuw-Zeeland zestiende en zeventiende. Geurts: 'In onze poule liggen de verhoudingen het dichtst bij elkaar. Dat maakt het zwaar, maar het biedt ook kansen. En iedereen heeft er ongelooflijk veel zin in.'

De wedstrijden zijn live op tv bij de NOS te zien, al is het dan al nacht in Nederland. Ook van het laatste EK, in 2013 in Zweden, waren een paar duels live te zien, maar Nederland liep zich stuk op de defensie van Noorwegen en IJsland. Het spel oogde slecht. Nederland scoorde niet eenmaal.

Melis: 'Zo stom als we toen speelden... We stonden helemaal niet goed.'

Martens: 'We zijn sindsdien zo veel beter geworden. Alle kansen tijdens het EK waren op één hand te tellen. Nu creëren we zoveel mogelijkheden. Achterin staan we goed en we scoren. Na het EK hebben we er veel over gesproken, dat we beter moesten aanvallen. Als team en individueel.'

Oranje is een mooie ploeg geworden, mede dankzij de entree van spits Miedema. Nederland durft nu ook meer aan te vallen. Waar Louis van Gaal de Hollandse school op het WK inruilde voor een defensiever systeem, durft Reijners te spelen zoals altijd, met een rechtsbuiten, een linksbuiten, een spits en een nummer tien.

Geurts: 'De kritiek tijdens het EK was terecht. Het voetbal was zo teleurstellend. Het was zaak om dingen op te pakken. We hebben veel gesprekken gevoerd. Iedereen heeft alles eruit gegooid wat hij vond.'

Melis: 'Soms voel je resultaten aankomen. Toen klopten veel zaken niet. Nu is er positieve energie, een goede mix van jongeren en ervaring. We kunnen elkaar echt helpen. En er breken veel jonge meiden door. Zelf word ik ook nog beter, althans, dat gevoel heb ik. Sinds de play-offs voor het WK, eerst tegen Schotland en later tegen Italië, hadden we het gevoel dat het zou lukken. Zelfs na de thuiswedstrijd tegen Italië dacht ik dat we uit zouden winnen.' Het eerste duel eindigde in 1-1. Een halve week later won Oranje in Verona met 2-1. Geurts: 'Het gevoel in de groep is zo goed.'

Martens: 'Iedereen speelt met veel zelfvertrouwen. We hebben geloof.'

Na de kwalificatie genoten ze intens, zeker omdat de vakantie daartoe gelegenheid bood. Melis: 'Vaak gaan dit soort momenten zo voorbij, omdat je de volgende dag weer een wedstrijd hebt. Melis: 'De tijd vliegt sowieso voorbij. Soms denk ik: jee, het is al mijn negende jaar in Zweden.'

Maar nu kijken ze vooruit, naar het WK. Lieke Martens kan er met haar frivoliteit een van de smaakmakers worden. In de wedstrijd tegen Hammarby passeert ze schitterend, door de bal min of meer over haar voet te laten rollen, snel om haar as te draaien en weg te sprinten.

Melis: 'Dat is Liekes specialiteit.'

Martens: 'Ik speel op gevoel, als ik weet waar de tegenstander is. Op gevoel denk ik: oké, dit moet ik doen. Ik wil er voorbij, dus moet ik iets proberen.' Ze ziet zichzelf niet als ster. 'Totaal niet. Ik kijk vooral naar het team. Wij willen gewoon aan Nederland laten zien dat we goed zijn, hoe goed wij zijn.'

Geurts is rustig, ook in het meevoetballen. 'Ik geniet er zelfs van als ze terugspelen op mij, zeker als er een beetje druk op komt van de spitsen. Het is heerlijk om mee te voetballen. Zo kan ik deelnemen aan het spel, ook met links. Soms sta ik even te genieten. Dan denk ik ineens: shit, staat het wel goed? Ik mag nu niet genieten, ik moet opletten.'

Telkens het gevecht aangaan

8 juni 2015

Leoni Blokhuis is de grootste zaakwaarnemer van vrouwelijke voetballers. Maar tijdens het WK van 2015 combineert ze haar werkzaamheden met camerawerk voor de website van Voetbal International. Tegenwoordig slokt haar bedrijf haar helemaal op. Ook zij is een pionier.

Ze noemt zich pionier, telkens weer tijdens het gesprek naast het WK-stadion in Edmonton, op een bankje in de zon. Een vrouwelijke zaakwaarnemer, Leoni Blokhuis (30) uit Oldenzaal, zet stappen in een sport die snel groeit. Het WK voetbal voor vrouwen in Canada is haar eldorado.

Van haar ouders mocht ze niet voetballen. Hockey moest het zijn. Nu is ze toch op het WK voetbal en kan ze bijna niet omschrijven hoezeer ze geniet van sfeer en spel. 'Elke dag is anders.' Ze vertoeft in de wereld waar ze al vanaf haar jeugd wilde zijn.

En ze speelt nog een rol ook: 'Het mooie van vrouwenvoetbal is dat de salarissen redelijk dichtbij elkaar liggen. Vrouwen kunnen nog echt op basis van sportieve uitdagingen hun keuze bepalen, in plaats van te bezwijken voor de verleiding van het geld.'

Dat bezwijken voor de verleiding van geld hoeft ze zelf ook niet te doen. Ze heeft nog een halve baan als combinatiefunctionaris voor een maatschappelijk sportproject in Almelo, waar ze mensen uit de bijstand op de accommodatie van een hockeyclub begeleidt.

Eens hoopt ze te kunnen leven van alleen het werk in haar bedrijf FlowSports, waarin ze inspanningen verricht voor onder anderen de basisspelers van de nationale ploeg Vivianne Miedema, Sherida Spitse en Stefanie van der Gragt, alsmede vijf reserves van de selectie.

Verwacht van haar geen Mino Raiola-achtige uitspraken. Zij is gewoon Leoni Blokhuis, jong en vol ambitie. 'Meine Liebe, wat doe ik nog?', dacht ze eens in de auto, toen ze genoeg had van weer een van haar banen. 'Ik was vrijgezel, ik wilde mijn droom najagen.' Ze rolde het vak in via zaakwaarnemer Rob Groener, een kennis van haar vader.

Zaakwaarnemer is een vrij beroep waarvoor sinds 1 april alleen nog het predicaat intermediair nodig is, aan te vragen bij de KNVB. Groener zei eens tegen haar: 'Het is een slangenkuil. Dat red jij niet.' Ze was niet te vermurwen. 'Daarop vroeg Rob: wil je ook vrouwen?' Groener kreeg een aanbieding om een vrouw te begeleiden, maar daarin had hij geen zin. Hij bouwde af. Zij moest het doen.

Ze wil graag vertellen hoe basaal het werk bij de vrouwen

vaak nog is. Eindelijk is een club nu bereid de normale, 3 procent commissie te betalen voor door haar afgesloten contracten. Die club is FC Twente, dat het vrouwenvoetbal na het bijna-faillissement in een aparte stichting onderbracht.

'In 2012 begon ze haar bureau. Ze benaderde zelf sporters. Fietscrosser Jelle van Gorkom, shorttracker Niels Kerstholt. Jill Roord, nu international en haar achternicht, kwam ook bij haar.

Middenvelder Sherida Spitse bereikte haar via Groener. Ze kon naar Lilleström in Noorwegen of naar een club in Zweden. Ze was de eerste Nederlandse die een transfersom opleverde, voor FC Twente. 'Het was haar primeur en mijn primeur.'

Bij Vivianne Miedema was ze thuis. Ze won het vertrouwen van de ouders en van de 18-jarige spits zelf, die tijdens het WK kampt met migraine en hoopt fit te zijn voor het duel met China, donderdag in Edmonton. 'Het doel was om haar bij een topclub te krijgen, maar dan volgens de weg van geleidelijkheid. We willen heel zuinig op Vivianne zijn, maar ook het maximale uit haar mogelijkheden halen, sportief en commercieel.'

Zo sloot ze een schoenencontract af voor Miedema, en ook voor vier andere speelsters van de nationale ploeg. Miedema zit bovendien in de internationale campagne van Adidas. Het zijn behoorlijke contracten. 'Dat is geen kledingpakketje.'

Blokhuis zegt dan, niet voor het eerst dus, dat ze een pionier is. 'Ik loop overal als eerste tegenaan en moet telkens het gevecht aangaan. Het vrouwenvoetbal groeit enorm, maar de opleiding van speelsters blijft bijvoorbeeld achter. Och, er valt nog zoveel te doen.'

Vrouwen aan de bal

19 juni 2015

Van minachtende mannenblikken, via een geslaagd EK in 2009 tot de achtste finales op het WK in 2015. Het gaat snel met het vrouwenvoetbal in Nederland. De vooruitgang in vier hoofdstukken.

'Japan it issss. Wij tegen de wereldkampioen.' Onder de verzameltitel WK-droom posten de vrouwen van de nationale ploeg hun verlangens en gevoelens op Twitter. Ze zijn onbevangen als middelbare scholieren tijdens hun eerste buitenlandse reis. Ze staan symbool voor de opkomst van de vrouwentak van volkssport voetbal. Ze plukken de dag en stralen van blijheid. 'Zo mooi, topwedstrijden spelen', zegt aanvoerder Mandy van den Berg, na de koppeling aan Japan in de achtste finales.

De Nederlandse mannen zijn al jaren groot, sinds het WK 1974 als het om Oranje gaat. Consolideren is al moeilijk genoeg. Het voetbal kan vaak alleen tegenvallen, zoals op het EK van 2012. Dan ontsteekt het volk in woede. Weg bondscoach. Andere spits. De vrouwen zijn bijna groen in oranje. Ze hebben nauwelijks referentiekader. Bijna alles is winst, weinig geldt als verlies. Is het goed? Ja. Is het slecht? Ook.

Op deze plaats dus: de vooruitgang, de pluspunten. Het WK van Nederland in vier hoofdstukken, variërend van de hoop op een treffer van Vivianne Miedema tot de schrikbarend geruisloze acceptatie van kunstgras.

1. Miedema

Zelfs moeder Miedema, Carolien, was aan het twitteren geslagen tijdens Nederland - Canada. 'Waarom wordt de bal niet voorgegeven?' Ze moesten de bal eens wat vaker naar haar dochter spelen, die toch de vedette in spe is. Het lag, zo meldde moeders later, aan de ego's van de spelers. Even dreigde een digitale rel, maar daarvoor is vrouwenvoetbal nog te klein. Het is geen Huntelaar - Van Persie.

Vivianne Miedema is 18, ze zou weleens even een paar doelpunten maken op het WK, zo was de verwachting, maar ze valt tegen. Wie weet, staat ze op tegen Japan. Ze is steeds dichter bij een doelpunt, de vraag is of het toernooi lang genoeg duurt voor haar. Tegen Canada kwam ze niet goed uit na een voorzet van Melis en spelmaakster Van de Donk had haar de vrije ruimte moeten insturen, daar had moeder Carolien gelijk in. Stel, ze scoort tegen Japan, dan is alles vergeten. Zo gaat dat met een spits.

En dat een vrouw al veelbesproken kan zijn in voetbal, dat op zich is pure winst. We hebben dus een speelster over wie we met zijn allen een oordeel kunnen vellen. We kunnen roepen om haar wissel en smeken om een doelpunt. We kunnen wijzen op haar leeftijd. We weten, in het geval van Miedema, wat goed en slecht is. Van anderen moeten we dat nog ontdekken.

2. Vrouwenbolwerk

Het is interessant om de twee wereldranglijsten van mannen en vrouwen te vergelijken. Bij 13 van de 24 landen die deelnemen aan het WK staan de vrouwen hoger geklasseerd dan de mannen. De grootste verschillen in het voordeel van de vrouwen is in landen waar voetbal voor vrouwen al veel langer een serieuze zaak is, waar de status van de vrouwen zeker zo groot is als bij de mannen, waar voetbal vaak niet de eerste sport is voor mannen: Verenigde Staten, Japan, Zweden, Canada, Australië, Noorwegen, China, Nieuw-Zeeland, Zuid-Korea. In Japan is de vrouwenploeg zeker zo populair als het mannenteam.

In Nederland staan de mannen, in 2011 zelfs even op nummer 1, zesde, de vrouwen twaalfde. Voetbal is hier decennialang vooral een mannending geweest en bewandelt de weg van emancipatie in rustig tempo. Vrouwen eisen hun plek op, Dat stuit op weerstand, maar zoals vroeger is het allang niet meer. Lees ter lering en vermaak de tekst van Karel Lotsy, voormalig bondscoach, uit 1933: 'Voetbal is geen salonspel. Ik haat ruwheid, forschheid en dergelijke in een vrouw. Laat onze meisjes toch verstandiger zijn! En laten de clubs hiervoor geen velden ter beschikking stellen.'

Nu is vrouwenvoetbal de snelst groeiende sport van Nederland, met bijna 140 duizend speelsters. 'Een groei van 80 procent in tien jaar', zei minister van Sport Edith Schippers na de zege op Nieuw-Zeeland, toen ze volledig in oranje gekleed de opmars analyseerde.

De weerstand, de weerzin bij sommigen omdat vrouwenvoetbal onesthetisch zou zijn en niveauloos, luwt, hoewel zo'n WK ook harde oordelen kan uitlokken: als alles op tv komt, is het niveau voor menigeen te laag om de goedkeuring weg te dragen, zeker als de kijkers tot diep in de nacht zijn opgebleven om een gedrocht als de wedstrijd tegen China te aanschouwen.

De weerstand in Nederland is ook deels aangeboren, alsof mannen zich verschansen in fort voetbal, een van de weinige bastions waar ze nog de baas zijn. Oud-international Daphne Koster zei onlangs, wat provocerend: 'Voetbal is nog het enige waarover jullie wat te zeggen hebben, waar mannen nog alleenrecht denken te hebben. Althans, dat lijkt zo.'

En Vera Pauw hoorde geregeld, toen ze bondscoach was, als voorganger van Roger Reijners: 'Ze (vrouwen) moeten met hun poten van onze sport afblijven.'

We vroegen professor Jan Latten, demograaf van het Centraal Bureau voor de Statistiek om duiding. Hij wees op de opmars van de vrouw in de medische wetenschap, in het onderwijs, in mindere mate zelfs in technische beroepen, en waar al niet. 'Jonge vrouwen hebben inmiddels betere diploma's en betere papieren. Ze zouden de mannen misschien wel kunnen overvleugelen als ze niet zo veel parttime werken. Voor de financiën is de vrouw vaak niet meer afhankelijk van de man, zelfs voor het krijgen van kinderen geldt dat niet meer.

'De vrouw kan kritischer zijn in de partnerkeuze, waardoor de sociale onderlaag van mannen min of meer overbodig dreigt te worden. Een deel van de mannen verschanst zich bij elkaar. In de sportschool bijvoorbeeld, of met vrienden in het stadion. Maar de feminisering is onstuitbaar.'

Dat is ook zo in het voetbal, met zijn massale toeloop van meisjes.

Straks ontstaat een luxeprobleem. Gaan de meisjes met meisjes voetballen als ze overal met heel veel zijn, of blijven de besten tot op een bepaalde leeftijd bij de jongens meedoen, wat in de regel beter is voor hun ontwikkeling?

Alle internationals van Nederland hebben met jongens gevoetbald. Miedema bijvoorbeeld voetbalde nog tegen Ajax-spits Zivkovic, vertelde ze geregeld met trots: HZVV D1 uit Hoogeveen tegen Groningen D2: 7-3, vijf goals van Miedema, twee van Zivkovic. Het succes van de vrouwenploeg is het succes van gemengd voetballen.

Toch is nog een weg te gaan. Zo schrijft Martine Prange van de Universiteit Leiden in de voorlopige conclusies van het onderzoek Van voetbalvrouwen tot vrouwenvoetbal. 'Ondanks de opmars van meiden- en vrouwenvoetbal in ledental is er in ons land, binnen het voetbal, nog veel uitsluiting van meiden op basis van sekse en etnische afkomst.'

En Astrid Cevaal, die onderzoek doet naar media-aandacht voor vrouwenvoetbal, schrijft: 'Ongeacht de prestaties van de Nederlandse vrouwen zal de WK-deelname naar ons idee verder bijdragen aan de ontwikkeling van vrouwenvoetbal als een inherent nieuwswaardige sport.' Met de wat spottende toevoeging: 'Zelfs onder mannelijke voetbaljournalisten.'

3. Kunstgras

Een WK op kunstgras, dat was bij voorbaat een schande in veler ogen. Het was discriminatie, een teken dat de FIFA vrouwenvoetbal beschouwde als kitsch. Een rechtszaak van vooral Amerikaanse speelsters werd niet doorgezet, maar de discussie duurt voort. 52 duels op kunstgras, het is wat. Commentaar genoeg dus. Zo veronderstelde de Amerikaanse topspeelster Abby Wambach dat de VS minder scoort door de ondergrond.

Er zijn voortdurend vragen tijdens persconferenties, of de spelers veel schaafwonden hebben, of de hitte boven het kunstgras nog uit te houden is. Bovendien oogt het best lelijk, al die verschillende kleuren nepveld, de opspattende rubberkorrels, de steriliteit bij welk weertype dan ook. Maar geen kwaad woord van de Nederlandse vrouwen, die het gewend zijn in Nederland, en die al hun kwalificatieduels ook op kunstgras hebben gespeeld.

Maandag, na de wedstrijd tegen Canada, probeert een buitenlandse journalist linksbuiten Lieke Martens negatieve uitspraken over de ondergrond te ontlokken. Martens geeft niet thuis. 'Voor ons is het heel fijn, echt heel fijn.'

De verslaggever houdt aan: is het niet vreemd voor de doelman, met al dat vreemde gestuit van de bal? Martens: 'Dat moet je aan de keepers vragen. Ik weet echt niet hoe de bal stuitert voor een doelman. Maar ik vind de velden snel en heerlijk, zo zonder....' En dan vraagt ze aan de Nederlandse journalist wat hobbels zijn in het Engels.

Hans Vos, een Nederlandse journalist met passie voor Japan, meldt dat ze in Japan vrijwel altijd op echt gras voetballen, mannen én vrouwen. Dat zou een voordeeltje voor Nederland kunnen zijn dinsdagnacht, voor de vrouwen uit het land van gras, die geruisloos kunstgras hebben geaccepteerd.

4. Onbevangenheid

De onbevangenheid van Nederland is misschien een voordeel, maar heeft ook iets klefs. Er is nooit ruzie. Nooit een rel. Nooit stemverheffing van de bondscoach. Nooit een onvertogen woord. De internationals zijn lief, aardig, voorkomend, terwijl het in het veld soms oorlog is, bij wijze van spreken dan.

Ze plukken de dag. Neem Merel van Dongen, wier WK bijna een sprookje is. Linksback 1 raakte geblesseerd: Siri Worm. Linksback 2 raakte eveneens geblesseerd: Chantal van den Heiligenberg. En tijdens het WK viel ook Petra Hogewoning uit, linksback 3.

Daarop vond Merel van Dongen, 23, speelster van Ajax,

zich opeens terug in de basisploeg tegen Canada. Ze viel slecht in tegen China, met een blunder waaruit een treffer viel. Ze kreeg opnieuw de kans tegen Canada en speelde uitstekend. Met rode konen van opwinding beschouwde ze na. 'We gaan het compacter houden in het vervolg. Dat wordt de basis van ons spel. We hebben de stijgende lijn te pakken. Zo moet het. Scherp, kort in de duels.'

Ze durfde Martens aan te spelen, de artiest van het elftal. Ook als die gedekt stond. 'Lieke zei ook: 'Speel me maar gewoon in.' Zij is zo'n speelster die ervan houdt om met de tegenstander in de rug iets moois te doen, iets waar de tegenstander vaak intrapt.

Of ze nerveus is, Merel van Dongen? 'Jahaaa, hoewel ik het liever gezonde spanning noem.'

Het WK toont aan: niveau moet omhoog

24 juni 2015

Het debuut op een WK in Canada verloopt best aardig, maar het niveau moet omhoog. Drie doelpunten in vier duels is niet indrukwekkend.

Op een stralende avond in Vancouver hield het bijna volleerde Japan de debutanten uit Nederland de spiegel van de toekomst voor. Zo kan vrouwenvoetbal zijn: elegant, technisch begaafd, artistiek, met het vermogen in tempo te wisselen en de tegenstander te ontregelen.

Nederland is onderweg, stapje voor stapje en zal eens aansluiten bij de wereldtop. Met al die speelsters, jong en oud, die de kicksen aantrekken, kan dat bijna niet anders. Maar dat is de toekomstmuziek. 'Eenvoud in voetbal is extra moeilijk', constateerde aanvoerder Mandy van den Berg, na het aanschouwen van Japan. Juist wat zo eenvoudig oogt, is het moeilijkst.

Dus ontwaakte Nederland met betraand gezicht uit de WK-droom. Tranen van frustratie bij een enkeling, omdat ze niet speelde. Anders van teleurstelling in eigen prestaties of van weemoed, na dat voor de nationale ploeg unieke avontuur in Canada. Gelukzalig had de ploeg het toernooi ondergaan, mogelijk iets te vrijblijvend.

Het is het lot van de overweldigde debutant, met een bondscoach, Roger Reijners, die het WK vooral als een leerschool beschouwde. Dat mag zo zijn, roep het niet telkens. Al die verkeerde passes ontsierden het Nederlandse spel, in tegenstelling tot het gestroomlijnde teamwerk van Japan. Het waren foute passes die ogenschijnlijk makkelijk lijken. Dat zijn ze ook, tegen een mindere tegenstander. Maar nu, tegen Japan, moest alles sneller, in een kleinere ruimte.

Slordig, pleegt menig trainer dan te concluderen. Nee, slordig impliceert gebrek aan concentratie. Het is een gebrek aan kwaliteit. Die moet omhoog, over de hele linie. De vrouwen hadden gestreden, dat zeker, en genoten van bijna elke WK-minuut. Uiteindelijk was dat niet genoeg voor een plaats in de kwartfinales, in een duel met de wereldkampioen: 2-1. Een eervolle nederlaag was het zeker, hoe weinig je daarmee ook opschiet. Zo gaat dat in sport: de een is beter, de ander knokt, zwicht en vertrekt, al dan niet met geheven hoofd. Of anders met een diepe snee onder het oog, zoals Daniëlle van de Donk. De nagel van een Japanse speelster, zei ze, en volgens haar was het expres gebeurd.

Ja, het ging ook veelvuldig over bondscoach Roger Reijners in de catacomben, de wat kleurloze trainer die in alle omstandigheden vasthield aan zijn speelwijze; dominant willen zijn, hoe moeilijk dat ook is als de tegenstander beter is. De vraag was onder meer of hij niet wat meer lef had moeten tonen, bijvoorbeeld door de aangever van de geïsoleerde Miedema te brengen, de 18-jarige Jill Roord.

Een jaar geleden waren ze samen Europees jeugdkampioen. Reijners hield een wissel over en speelde pas vanaf de 86ste minuut va banque, waarna Nederland zowaar nog bijna tot 2-2 terugkwam, hoewel dat puur toeval zou zijn geweest. Doelman Kaihori liet de kopbal van Van de Ven los als een hete kroket en Miedema kwam net tekort voor de gelijkmaker.

Het ging ook over vrouwen die net een beetje gif in hun spel misten, met net wat te veel ontzag voetbalden. En Manon Melis begreep ook niet waarom ze die eerste kans miste, toen ze na acht minuten in de lucht maaide in plaats van scoorde.

Vlak daarna was het 1-0, nadat Van Dongen de bal wel heel beroerd wegwerkte na een kopbal van Ogimi tegen de lat. Een bespiegeling was de schitterende 2-0 van Sakaguchi waard, vrucht van een heerlijke aanval met hakballetje en overstapje, die weer viel vlak na dé kans op 1-1 van Nederland.

Al die verhalen van als en eventueel deden niets af aan de speltechnische superioriteit van Japan, Nadeshiko zoals de bijnaam van de ploeg luidt. Bondscoach Sasaki heeft alle 23 spelers al gebruikt, hetgeen ook iets zegt over de diepte van zijn selectie. De ploeg is misschien niet zo goed meer als vier jaar geleden, maar dat zal de nabije toekomst uitwijzen.

Achtste finale bereikt, dat is best goed voor een debutant.

Maar verder? Vier duels, slechts drie doelpunten, waarvan twee van invaller Van de Ven. Dat houdt niet over. De voorhoede met de drie M's viel het meest tegen. Martens deed het nog aardig, hoewel vrijwel onzichtbaar tegen Japan. Miedema, aanvankelijk geblesseerd en ziek, miste vertrouwen, hoewel ze elke wedstrijd iets beter werd. Ze is pas 18 en haar zelfbeeld is nog niet volledig ontwikkeld, want ze vond dat ze prima speelde tegen Japan. Geen doelpunt, nauwelijks kansen en een houding die oproept tot verbetering. De bal krijgen is niet alleen een zaak van de gever, ook van de ontvanger.

Ze zei ook dat het WK een leerschool was geweest. Dat was al eerder vernomen uit de ploeg.

Een lesje voor de man

28 februari 2016

De voetballer die ook nog werkt of stage loopt? Het kan toch eigenlijk niet. Merel van Dongen houdt ze een spiegel voor.

Wij, mannen van Nederland, weten onderhand dat we ook in de sport links en rechts worden gepasseerd door de vrouw. Dafne Schippers rent in een doorsneeweekeinde op haar boerenfluitjes 7,03 seconden op de 60 meter, Jorien ter Mors is zichtbaar teleurgesteld met brons op de WK sprint in Zuid-Korea.

Mag het nog even, derde worden, vraagt ze met lichte spot aan de mannelijke interviewer? Hoelang doet zij, als oorspronkelijke shorttracker, serieus aan sprinten op de langebaan? Gelukkig waren daar ook Kai Verbij en oerman Kjeld Nuis, met brons en zilver op de WK sprint, alsmede wielrenner Kai Reus bij de Omloop. Zij poetsten het beeld van de sportende man op.

Wij mannen hebben het er zelf een beetje naar gemaakt. Zeker in het voetbal. We zijn al heel blij met een gelijkspelletje van PSV tegen Atlético, hoe knap dat ook is bij de huidige internationale, financiële verhoudingen. Die hebben ons nederig gemaakt, met vreemde oprispingen als iets bijzonders gebeurt. Zeker omdat het mediacircus zo groot is dat het niet eens past in de geveilde tent van Herman Renz; er is schreeuwend behoefte aan bijzondere artiesten.

Onlangs scoorde de 18-jarige Dennis van der Heijden van ADO twee keer bij zijn debuut. Wat bleek? Hij moest de volgende dag gewoon naar school. Ongelooflijk toch? Geen vrije dag, geen platte kar. 'School wacht. School roept. School moet', schreef het AD de volgende dag over de nieuwe 'held', na twee doelpuntjes tegen Excelsior. Camera's verdrongen zich bij school, zijn telefoon liep vol, hij kreeg 200 vriendschapsverzoeken van mensen die hij helemaal niet kent.

Dan Maikey Parami, voetballer van VVSB uit Noordwijkerhout. De doelman van Den Bosch liet onlangs kort voor tijd op knullige wijze een bal los. In de buurt stond Maikey. Hij kon weinig anders dan de bal een beslissend tikje geven, waarmee de halve finale van het bekertoernooi was bereikt. Maar verhip, hij moest de volgende dag gewoon stagelopen, bij de HEMA nota bene, tussen de worsten.

Merel van Dongen, vrouw, international en speelster van Ajax, schreef daarover op Facebook een treffend stuk, onder de kop 'vakkenvuller of zakkenvuller'. Ze liet haar verbazing de vrije loop, in een 'blog om de kracht van het vrouwenvoetbal en andere sporten te laten zien'. 'En misschien wel een voorzichtige poging om het mannenvoetbal te redden.'

Ze schreef over vrouwen die vlak na een WK weer werkten

of naar school gingen. Ze was kritisch op voetballende mannen, met hun dure spulletjes en hun gebrek aan relativering. Ze zweren een studie af als ze in het voetbal pas half zijn doorgebroken, want voetbal slokt ze helemaal op. Jaja.

Het stukje van Van Dongen was zwart-wit, maar dat mag in een blog. Woensdag speelt ze met Nederland tegen Zwitserland, in het eerste van drie duels om plaatsing voor de Olympische Spelen. Op vrouwenvoetbal is nog veel aan te merken, maar het mooie is: de vrouwen leven als prof, terwijl diep van binnen het onverpeste hart van de amateur klopt.

Vrouwen kloppen op de deur van het mannenbastion

14 juli 2017

Vrouwenvoetbal is de snelst groeiende sport van Nederland. Veel van de vrouwen die voor Oranje aantreden op het EK dat dit weekeinde begint in Nederland, zijn professional. Ze hunkeren naar erkenning.

De rechtsbuiten, middenvoor en linksbuiten van de nationale vrouwenploeg voetballen bij Liverpool, Arsenal en Barcelona. Ze zijn top, de razendsnelle Shanice van de Sanden, de doelpuntenmachine Vivianne Miedema en de sierlijke dribbelaar Lieke Martens.

Ze treden zondagavond om zes uur in Utrecht op in deel 1 van hun meisjesdroom, de openingswedstrijd van het EK tegen Noorwegen. Koning Willem-Alexander en koningin Máxima komen kijken. Thuis voor de buis mag het bord op schoot. De ploeg geldt als kanshebber op de titel of, reëler gesteld, als outsider.

Ja, hun droom is deels verwezenlijkt. Ook vrouwen kunnen

tegenwoordig prof zijn, al verdienen ze geen miljoenen. Ze hebben dus hun eigen EK, ze zijn deze maand rechtstreeks op de nationale televisie, ze voetballen in grote stadions, met duizenden toeschouwers.

En ze hunkeren naar aandacht en erkenning. Miedema, Van de Donk, Martens, Van den Berg, wie ook aan het woord is, ze willen zo graag laten zien wat ze kunnen, dat ze meetellen, dat Nederland weer geniet van voetbal. Ze kunnen het cynisme verdrijven, de ergernis over dat andere Oranje. Steeds minder vergelijken ze hun situatie met de momenteel benarde positie van mannen in 's lands voetbal. Mannenvoetbal is in Nederland meestal het referentiekader, de standaard.

Voetbal is in het polderland nog een bolwerk van de man, maar de vrouwen kloppen beleefd op de deur van het bastion. Meisjes vinden ook steeds vaker hun eigen idolen. Martens, Miedema, of Marta, de Braziliaanse. Ze accepteren dat vrouwenvoetbal een andere dimensie heeft, als spel met andere snelheid en intensiteit. Het is wat rustgevender, wat sportiever ook, wat minder verwend en verpest door geld en overspannen media-aandacht. Insiders weten dat allang. De buitenwereld kan het aanschouwen tijdens Weuro2017 in Nederland, zoals de officiële afkorting van het toernooi luidt. Van Doetinchem tot Deventer, van Utrecht tot Breda, alle lijntjes komen bij elkaar.

Het EK kan uitgroeien tot zomerhype, hoewel dat geen goede aanduiding is. Een hype verdwijnt. Vrouwenvoetbal blijft. Wedstrijden van Oranje - de ploeg die zich wat geforceerd

Leeuwinnen laat noemen - zijn op gunstige tijden: 18.00 uur en 20.45 uur. En telkens weer is dat mantra te horen: vrouwen- en meisjesvoetbal is de snelst groeiende sport van Nederland, met meer dan 150 duizend leden bij de KNVB.

In zekere zin gaat de ontwikkeling nog niet snel genoeg. Hoogleraar Martine Prange en haar collega Martijn Oosterbaan stelden de bundel 'Vrouwenvoetbal in Nederland, spiegel en katalysator van maatschappelijke verandering' samen, waarin ze spreken van de democratiseringsparadox. Mannen accepteren de opkomst van de vrouwen, maar die moeten ook weer niet te succesvol zijn, want dan gaat de aandacht ten koste van henzelf.

De vrouwen op hun beurt hebben vooral succes nodig. Marketingman Frank van den Wall Bake had verwacht dat meer grote sponsors interesse zouden tonen in het EK. Dat valt hem een beetje tegen. Manager vrouwenvoetbal Minke Booij van de KNVB, voormalig tophockeyster, is het deels met hem eens. Ze vindt zijn observatie alleen te eenzijdig, te commercieel gedacht. Ze wijst op tal van 'geweldige initiatieven'. Ook de nationale ploeg krijgt in de toekomst elke twee jaar een nieuwe kledinglijn, kranten maken bijlagen, talloze boeken zijn verschenen, inclusief een plaatjesboek van Panini. En, zowaar: Wolter Kroes heeft een speciaal lied opgenomen. 'Dat heb ik bij hockey nooit meegemaakt.'

Een succesvol EK is ook welkom om de wat zieltogende eredivisie te laten groeien. Wie goed kan voetballen, zorgt dat zij zo snel mogelijk naar het buitenland verdwijnt, net als bij de mannen. Liefst 12 van de 23 internationals van de ploeg van bondscoach Sarina Wiegman hebben een contract in het buitenland.

Het verschil tussen buitenlandse competities en de eredivisie dreigt te groot te worden, ondanks de toevloed van al die meisjes naar de velden. Dat is een kwestie van geld en aandacht. Vrouwenvoetbal valt nog steeds onder de amateursectie van de KNVB, hetgeen vreemd is voor een afdeling die dag in, dag uit bezig is met professionalisering.

'Laten we positief zijn', zegt Booij, die steeds benadrukt dat het vrouwenvoetbal zich niet moet vergelijken met het mannenvoetbal, maar met de andere grote vrouwensporten. 'Straks is het EK hockey in Nederland. Vergelijk alleen de toeschouwersaantallen. En bij het hockey weet je al van te voren dat Nederland de halve finales bereikt. Dit is voetbal. Dit is groter dan groot.'

Zelfde regels, ander spel

14 juli 2017

Vrouwen voetballen anders dan mannen. Wat zijn de verschillen? En waarom bestaan ze? Een kijkwijzer voor het EK in vijf lemma's: sportiviteit, publiek, kleding, lengte, motoriek. Met de aantekening dat sportiviteit vaak afneemt als de belangen groter worden.

1. Sportiviteit. Minder zeuren bij scheidsrechter

Het cliché klopt: vrouwen in het voetbal zijn minder gemeen dan mannen, minder doortrapt. Ze rollen geen drie keer door na een tackle. Ze staan weer op en spelen verder. Ze zeuren minder bij de scheidsrechter. Ze hebben geen schwalbekoningin. Al was de klap van Ajax-keeper Sarasola in de maag van PSV-spits Akkerman, tijdens de rechtstreeks op televisie uitgezonden bekerfinale van afgelopen juni, een opvallende variatie op het cliché.

'Vrouwenvoetbal is puurder, met iets meer fair play', vindt Anouk Hoogendijk, de oud-international die onlangs stopte met voetbal. Met de beslissende strafschop schoot zij Nederland bij het debuut op het EK in 2009 naar de halve finales. 'Het lijkt nog een beetje op jeugdteams bij de jongens. Het gaat nog meer om de sport zelf. Hoe dat komt? Onder meer omdat ik denk dat vrouwen zich iets minder bewust zijn van camera's.'

Niet dat er nooit iets gebeurt. Hoogendijk: 'Ik was aanvoerder bij de nationale ploeg onder 19 toen een tegenstander vlak voor me ging staan bij een ingooi. Ik gooide de bal in haar gezicht en kreeg de gele kaart, terwijl dat rood had moeten zijn.'

Als zijweggetje bewandelt ze nog het pad der ijdelheid. Het uiterlijk vertoon is bij mannen veel groter. De toppers laten bij menig toernooi kappers invliegen. Hun lijf is een landkaart van tatoeages, ze posten de ene na de andere foto van hun torso op Instagram. De vrouwen doen, gemiddeld gesproken dan, hun haar bijeen in een staart, kijken even in de spiegel en betreden het veld.

Hoogendijk: 'Ik heb tot mijn 18de, 19de bij de jongens gevoetbald. Ik had de naam, maar zij waren meer met uiterlijk bezig.'

2. Publiek. Kinderen zorgen voor enthousiaste sfeer

Wie straks in het stadion zit of tv kijkt, moet eens opletten op het geluid: hoog gegil op de tribunes. Kinderen, meisjes vooral, bij Oranje zeker. De drie duels van Nederland zijn al uitverkocht. Duels van nationale ploegen trekken een ander publiek dan clubvoetbal. Zelfs de verschillen met de nationale mannenploeg zijn opmerkelijk.

Suzanne Amijs, verantwoordelijk voor de kaartverkoop: 'We zitten nu op ruim 160 duizend verkochte toegangsbewijzen. We verwachten dat in totaal 200 tot 250 duizend mensen het stadion zullen bezoeken, op een totale capaciteit van 400 duizend. Voor de wedstrijden van Nederland is ontzettend veel animo, maar het is lastig om een groot publiek te interesseren voor een duel als Italië - Rusland in Rotterdam. Er komen wel tweeduizend supporters uit IJsland. Ze zullen voor veel sfeer zorgen, net als vorig jaar bij het EK voor mannen in Frankrijk.

'Soms zul je anderhalf uur gegil horen. Supporters bij clubs, vaak mannen, reageren veel meer op wat er op het veld gebeurt, op het wedstrijdverloop. Onze supporters kijken met een andere, enthousiaste blik. We hebben onze doelgroepen bewust benaderd, via het onderwijs en festivals voor jeugd. Onze doelgroep is families met kinderen.'

3. Kleding. Getailleerde shirts, broekje kan beter

Vroeger droegen voetballende vrouwen dezelfde kleding als de mannen. Het was soms geen gezicht. De tenues slobberden. Voormalig topspeler Leonne Stentler bracht met 'Liona' haar eigen vrouwenmerk op de markt. Ze ziet haar invloed toenemen en beschouwt de mode van het internationale voetbal: 'Een aantal teams bij het EK kleedt de vrouwen in een tenue dat is gebaseerd op het vrouwenlichaam. Dat is een stap vooruit vergeleken met voorgaande toernooien. Als kledingexpert kijk ik bijvoorbeeld naar de stoffen van de broekjes. Die worden vaak één op één overgenomen van de mannen. Hier valt nog veel te winnen. Vrouwen hebben andere wensen. Dat zit hem in de bewegingsruimte en dus de elasticiteit van de stof. Maar ook bij details als de binnenbroek. Wij gebruiken binnenbroekjes als bij hockey en tennis, waarop we lovende commentaren krijgen.'

Menigeen vraagt zich ook af waarom vrouwen niet in rokjes spelen, zoals hockeysters of tennissters. 'Allereerst vraag ik me af of je aan het stereotype van vrouwen in rokjes moet voldoen. Ten tweede maak je bij hockey slidings met de armen vooruit. Bij voetbal met de benen vooruit. Dan zit je rokje ergens onder je oksels.' Over het tenue van Oranje zegt ze: 'De shirts bij Nederland zijn getailleerd. Het broekje kan beter. Het is gebaseerd op de omvang van het vrouwenlichaam, nog niet helemaal op de functionaliteit.' Ze wijst nog op een speciaal detail tijdens de openingswedstrijd tegen Noorwegen. De traditionele leeuw op het shirt is vervangen door een leeuwin.

4. Lengte. Kleine keepers, minder explosiviteit

Vrouwen zijn gemiddeld kleiner dan mannen. Dat maakt op het eerste gezicht vooral de doelvrouw kwetsbaar. Je zou kunnen stellen dat het makkelijker scoren is bij hun keepers, in het doel van 2,44 meter hoog en 7,32 breed. Loes Geurts, reserve bij de nationale ploeg van Nederland, is 1,68 meter, voormalig doelman bij de mannen Van der Sar is 1,97 meter. Eerste keeper Sari van Veenendaal meet bijna 1,80 meter.

Is het ook makkelijker scoren? Frans Hoek, de bekendste keeperstrainer van Nederland, relativeert de stelling: 'Verschillen in explosiviteit en snelheid zijn belangrijker. Mannen zijn explosiever en sneller. Het verschil in lengte, plus het verschil in explosiviteit en snelheid, vraagt om een andere manier van keepen. Die hangt ook af van de manier van opstellen, van positie kiezen.'

En dan, cruciaal voor het antwoord: 'De veldspelers bij de vrouwen hebben over het algemeen minder explosiviteit, snelheid en kracht dan mannen. Gecombineerd met minder lengte bij de keepers, heft dat elkaar aardig op.'

5. Motoriek. Meer kans op enkel- en knieblessures

Vrouwen bewegen anders dan mannen. Voetbal voor vrouwen oogt anders. Behalve dat ze kleiner zijn, zijn ze minder explosief. Michel Brink, universitair docent aan het Centrum voor Bewegingswetenschappen van de Rijksuniversiteit Groningen: 'Een studie uit 2014 vergeleek fysieke en technische vaardigheden over een groot aantal Champions-Leaguewedstrijden bij mannen en vrouwen. De belangrijkste bevindingen zijn dat mannen meer afstand afleggen, op een hogere snelheid. Dit verschil wordt met name in de tweede helft duidelijk. Het aantal keren balverlies én onsuccesvolle passes ligt bij vrouwen hoger. Bij andere spelhandelingen is geen verschil zichtbaar.

De vraag is natuurlijk wel of je de fysieke prestaties van vrouwen met mannen moet vergelijken, vanwege verschillen in lichaamsbouw en lichaamssamenstelling.'

'Maar in Nederland is vrouwenvoetbal in opkomst. Meer deelnemers, betere selecties en betere training zullen leiden tot een minder groot verschil met mannen. Mannenvoetbal is fysiek gezien nog steeds in ontwikkeling, maar het plafond komt dichterbij. Voor vrouwen is nog meer winst te halen.'

Collega Anne Benjaminse, postdoc aan het Instituut voor Sportstudies in Groningen, voegt toe: 'Dat vrouwen anders bewegen dan mannen kan een gevolg zijn van neuromusculaire (betrekking hebbend op zenuwen en spieren) aansturing en de daaruit volgende motorische controle tijdens het uitvoeren van bewegingen. Deze verschillen uiten zich bijvoorbeeld in bewegingen als landen, wenden en keren.

'Vrouwen laten vaak ongunstigere bewegingspatronen zien en vangen de beweging minder goed op, waardoor er te grote krachten op de gewrichten komen. Vrouwen hebben hierdoor meer kans op enkel- en knieblessures. Mannen bewegen wellicht risicovoller dan vrouwen, wat leidt tot contactblessures, botbreuken of een hersenschudding.'

'Lekker tiki-taka. Net als de mannen'

19 juli 2017

Lieke Martens tekent al voor het EK van 2017 een contract bij Barcelona. Misschien dat ze in de toekomst haar idool Messi kan ontmoeten.

Hoe mooi moet het zijn om als raspingelaar te mogen verhuizen naar het walhalla van de dribbel, naar de club van Messi en Neymar, het koningskoppel van de solo? Wie de sprankeling op het gezicht van Lieke Martens ontwaart als ze over haar nieuwe werkgever Barcelona praat, beseft dat zo'n transfer heel mooi moet zijn.

Maar eerst Oranje, het EK voor vrouwen in Nederland, want het leven lacht haar toe deze zomer. Lieke Martens (24) showt op de openingszondag de prijs voor de beste voetballer van de wedstrijd, na de 1-0 tegen Noorwegen. Zoals ze ook de beste was tijdens de eerste wedstrijd van het WK in 2015, toen ze scoorde tegen Nieuw-Zeeland. Zondag gaf ze met haar minste been, het linker, de voorzet op de treffer van Van de Sanden. Ze prijst na afloop het voetbal, de strijd en het publiek. 'We speelden met zijn twaalven.'

De Limburgse is gracieus. Technisch goed. Snel. Haar paardenstaart danst op het ritme van de dribbel. Ze passeert buitenom en binnendoor. Rechts. Links. Mooi hoe ze scoorde in het oefenduel met Wales, door tussen twee tegenstanders te versnellen en te schieten. Tsjak-tsjak. 'Messi is mijn grote voorbeeld', zegt ze. 'Hoe hij de bal kort bij zich houdt, dribbelt en ook nog net een tegenstander kan passeren. Ik heb altijd naar dat type voetballer gekeken. Vroeger naar Ronaldinho.'

Ze is een gevoelsdribbelaar, dartelend op intuïtie. 'Vroeger keek ik op internet veel naar trucjes. Daarmee heb ik mijn techniek verbeterd. Eindeloos tegen een muurtje trappen, trucjes nadoen. Ik ben alleen veel sneller geworden tijdens de dribbel. Als ik de tegenstander eenmaal voorbij ben, ben ik moeilijk in te halen. Ik was altijd de kleinste, terwijl ik nu gemiddeld ben. En ik heb spiermassa ontwikkeld. Bij de sprinttesten van de club kwam ik er als beste uit. Dat was vier, vijf jaar geleden anders.'

Martens is prof, in alle opzichten. Haar recente transfer van Rosengard in Zweden naar Barcelona was spectaculair. Vlak voordat de spelers van het Nederlands elftal zich verzamelden, vloog ze vanuit Kopenhagen naar Barcelona. Haar zaakwaarnemer kwam uit Amsterdam. 'Het was een dag om nooit te vergeten.' Ze tekende voor drie jaar, op het trainingscomplex buiten de stad. Barcelona kocht haar nog anderhalf jaar durende contract af. Ze hield de transfer bijna twee weken geheim. 'Van nature lieg ik niet zo snel.' Met een lach: 'Het ging goed toch?'

Ze is verrukt van geluk. Voetballen bij dezelfde club als Messi. 'De trainer zei: als je geluk hebt, hoewel je natuurlijk geen geluk hebt als je geblesseerd bent, kun je naast hem op de behandeltafel liggen. Hij is de beste. Hij inspireert mij.'

'De speelstijl spreekt me aan. Lekker 4-3-3. Tiki-taka, wat de mannen ook doen.' Als kind was ze al eens in Camp Nou voor een rondleiding. En ze krijgt een seizoenkaart. Grijns. 'Dat is toch mooi.' De wedstrijden van de vrouwen zijn elders. Alles is geregeld. Ze zeiden tegen haar: hier heb je een bedrag, zoek maar een appartementje.

Het is de beloning voor altijd beter willen worden. Ze speelde in Zweden met Anja Mittag en Lotta Schelin, sterren van Duitsland en Zweden. 'Ik heb ook anderhalf jaar gevoetbald met Marta uit Brazilië. Zij was mijn vrouwenboegbeeld. Ik heb veel geleerd, met een trainer die me uitdaagde. Spelers, trainers, ze maken je allemaal beter, maar uiteindelijk moet je het zelf doen. En de Spaanse competitie is in opkomst.' Het zijn in Europa dezelfde namen als de grote clubs bij de mannen: Barcelona, de Engelse topclubs, PSG.

In zekere zin is dat een vreemde ontwikkeling. In Zweden en Duitsland waren juist veel clubs die alleen bekend waren om vrouwenvoetbal. Umea, Kopparberg, Rosengard, Turbine Potsdam. Nu verhuizen vrouwen naar teams die groot zijn uit het mannenvoetbal, steenrijke clubs die de vrouwentak beschouwen als maatschappelijke verplichting, of welke reden dan ook. Het zij zo: 'Ik heb nog nooit gevoetbald bij een club met naam. Als Barcelona dan de eerste mag zijn...'

Maar eerst wil ze schitteren met de aanval in oranje. Van de Sanden, Miedema, Martens. Liverpool. Arsenal. Barcelona. De beste voorhoede van het toernooi, oordeelde voormalig bondscoach Pauw. Het gevaar bleek tegen Noorwegen, al bleef het dan bij 1-0. 'We hadden het eerder moeten afmaken. In de omschakeling kunnen wij tegenstanders pijn doen. Vivianne is een killer. Shanice heeft zoveel snelheid. Ik heb de kwaliteit om te dribbelen en een man te passeren.'

Grappig. Ook vrouwen passeren een man, als staande uitdrukking. 'We hebben alles wat een voorhoede nodig heeft. Het voelt goed.' Ze is bescheiden. Ze wil een bijdrage leveren aan het succes. 'We zijn veel beter geworden de laatste jaren. Het belangrijkste is dat we het vrouwenvoetbal echt op de kaart zetten, dat mensen het superleuk vinden om naar ons te kijken, liefst naar goed voetbal.'

Het laatste bolwerk van de man

25 juli 2017

'We krijgen pas echt aandacht als we naakt gaan voetballen', zegt international Van Dongen. De onderzoekers Martine Prange en Martijn Oosterbaan noemen dat een aardige samenvatting.

Het vrolijke gezicht van het EK verbergt dat er nog veel te verbeteren valt. Meer vrouwen in besturen. Het topvoetbal als profsectie, in plaats van indeling bij de amateurs. Een financiële impuls voor het vrouwenvoetbal. Twee onderzoekers: 'Als we het echt willen stimuleren, moeten we nog veel meer doen.'

Martine Prange en Martijn Oosterbaan leverden na jarenlang onderzoek een boek: Vrouwenvoetbal in Nederland, met als ondertitel 'Spiegel en katalysator van maatschappelijke verandering'. Prange, voormalig profspeler, is hoogleraar filosofie van mens, cultuur en samenleving aan de Tilburg University. Oosterbaan is universitair hoofddocent culturele antropologie aan de Universiteit Utrecht.

Menigeen ziet voetbal als een van de laatste bolwerken van de man. De man beschermt zijn bastion. Prange: 'We schrijven in onze inleiding dat vrouwenvoetbal onmiddellijk weer in de gedoogcultuur verdwijnt als vrouwen het mannenvoetbal bedreigen. Besturen willen nog vaak dat voetbal mannenvoetbal is. Dat is het paradepaardje. Mannen kunnen de gekste dingen verzinnen om bepaalde ontwikkelingen af te remmen. En zolang ze in machtsposities zitten, doen ze dat ook.'

In het onderzoek staan dure woorden als democratiseringsparadox. Wat die inhoudt? Dat het te simpel is te stellen dat het vanzelf wel goed komt met dat vrouwenvoetbal.

Prange: 'We beschrijven de democratiseringsparadox, schoonheidsparadox en machtsparadox. Door iets aan de ene kant heel erg te stimuleren, doe je aan de andere kant soms weer afbreuk. Vooruitgang heeft soms regressie tot gevolg.'

Oosterbaan, over de schoonheidsparadox: 'Als je ontwikkeling stimuleert via het idee van schoonheid, van mooie meisjes bijvoorbeeld, ga je terug naar een typische mannelijke manier van kijken naar sport. Het moet goed zijn, maar ook lekker om naar te kijken. Dat is er moeilijk uit te krijgen. Je kunt zeggen: wat kan ons dat schelen. Maar dat kan ons dus wel wat schelen, dat clichébeeld van een heteroseksuele meid, leuk om naar te kijken.'

Prange: 'International Merel van Dongen zei: 'Ik denk dat we pas echt aandacht krijgen als we naakt gaan voetballen.' Dat vat het aardig samen. Om aandacht te krijgen, moeten ze het uiterlijk inzetten, en de KNVB stimuleert dat behoorlijk, terwijl ze eigenlijk aandacht willen voor prestaties. Bij mannen is dat toch anders, hoewel die zelf enorme interesse hebben gekregen in hoe ze eruit zien.'

In den lande was, bij menig man zeker, een soort opluchting waar te nemen toen de nationale ploeg, na de halve finale van 2009, slecht speelde in 2013 (EK) en vrij matig in 2015 (WK). Zo van: daar zijn we weer een tijdje vanaf. Prange: 'Daarom valt dit EK op het ideale moment voor Nederland, omdat het vrouwenvoetbal zo aan het groeien is. Alleen zijn we qua nationaal team de laatste jaren iets achterop geraakt bij Engeland en Frankrijk, die ontzettend veel investeren. In Engeland vijftien miljoen pond, van de bond aan de clubs, ook voor de spelers. In Engeland kun je leven van de sport en daarmee je talent ten volle ontwikkelen. De Engelse voetbalbond geeft daarmee aan op langere termijn plannen te hebben. Dat zie je in Nederland niet. In het plan Winnaars van morgen kwam het meiden- en vrouwenvoetbal niet voor. Moet je dat op dezelfde manier aanpakken als jongensvoetbal? En er zijn helemaal geen vrouwen geconsulteerd. Eentje geloof ik, met één vraag.'

De man is bepalend. Oosterbaan: 'Je kunt dit soort problematiek alleen begrijpen als je weet hoe innig sport en nationalisme met elkaar verbonden zijn. Een gevoel van patriottisme, heldendom, is altijd via de mannelijke lijn gegaan. Dat zit al heel lang in de samenleving. De atlete Fanny Blankers-Koen? Als er toen, in 1948, gelijktijdig een man was geweest die hetzelfde presteerde (vier gouden medailles bij de Zomerspelen van Londen, red.), betwijfel ik of zij die rol had gekregen. Je moet het altijd als constellatie zien, als samenspel.'

Prange: 'Meisjes hebben geleerd zich te identificeren met mannelijke helden en rolmodellen. Jongetjes worden nog steeds niet opgevoed met het idee dat het oké is je te identificeren met een vrouwelijke held. Dat werkt door, ook in de sportverslaggeving.'

Het ligt subtiel en gevoelig. Waar houdt gelijkheid tussen mannen en vrouwen op? Prange: 'Er is een verschil tussen mannen en vrouwen vergelijken, in fysiek opzicht, en gelijke kansen bieden. Het begint bij gelijke kansen. Als je wilt dat meiden dezelfde kansen krijgen, zul je ze dezelfde faciliteiten moeten bieden. Dan zal er meer financiering moeten komen.'

Oosterbaan: 'Het gaat ons om het agenderen van historische scheefgroei. Die is enorm, omdat die door de hele maatschappij wordt gedragen, op allerlei terreinen. Het is niet genoeg om te stellen: vrouwen hebben niets meer te klagen.'

Prange: 'We willen veel meer vrouwelijke bestuursleden bij amateurclubs, bij de KNVB. Vrouwenvoetbal valt onder amateurvoetbal. Dat is niet goed, als je daadwerkelijk professionalisering nastreeft. Doel is een bewustzijnsverandering bij mannen. Als meer vrouwen aanwezig zijn in bepaalde posities, gaan mannen meer nadenken. De weerstand voor meiden bestaat vaak uit het feit dat ze simpelweg worden vergeten. Het zijn soms impliciete boodschappen, zodat ze denken dat wat zij doen op het voetbalveld, een stuk minder belangrijk is dan wat jongens doen. Ze voelen zich vaak niet serieus genomen, ondergewaardeerd. Bijvoorbeeld omdat ze het veld moeten ruimen voor een ingelaste training van jongens. Of er is op pleintjes een speciaal meisjesuur. Meiden krijgen dan het idee dat ze op andere uren niet welkom zijn. Het is bedoeld als stimulering, maar zo wordt het door meiden niet altijd ervaren.'

De razendsnelle groei van het aantal leden is relatief. Prange: 'De groei is meer kwantitatief dan kwalitatief. Bij de KNVB leeft te veel de gedachte dat het wel goed komt, met al die zesjarige leden, die misschien zestig jaar lid blijven. Dan komt het talent vanzelf wel naar boven. Maar er moet veel gebeuren om talent te houden, te ontwikkelen. Er haken te veel spelers af, ook meisjes. Ook in de eredivisie, als ze tussen de twintig en dertig zijn, omdat ze ook een maatschappelijke loopbaan nastreven.'

Ze pleiten tenslotte ook voor gemengd voetballen in veel bredere zin, ook op seniorenleeftijd. Prange: 'Waarom kunnen wij bij de veteranen niet gewoon gemengd voetballen, bij zeven tegen zeven bijvoorbeeld? Die vrijheid moet er zijn.'

Oosterbaan: 'Zelfs mensen die genderverschillen ontrafelen, willen van al die aannames af. Als we teams uit elkaar houden, krijgen jongens betere trainers, betere faciliteiten. En dan kun je weer zeggen dat al je aannames kloppen. Door discussie willen we dat opengooien, anders blijft de cirkel altijd gesloten. Als samenleving moeten we verantwoordelijke beslissingen durven nemen, over hoe we willen dat onze samenleving eruit ziet over vijftig jaar.'

Vrolijke, ijdele, snelle rechtsbuiten

28 juli 2017

Ze is, naar eigen zeggen, de ijdelste speler van Oranje, maar Shanice van de Sanden is vooral de snelste. Kort na het gesprek geeft ze een beslissende voorzet op Miedema, tegen Zweden, in de kwartfinale van het gewonnen EK.

Ze staat symbool voor Oranje, afdeling vrouwen: van relatief onbekend naar beroemd in recordtijd. Zo snel als zij is, zo vlotjes nestelde het Nederlands elftal zich in menig sporthart. Of het EK voor vrouwen nu een hype is of niet.

Shanice van de Sanden (24) is de snelste van Oranje en, naar eigen zeggen, de ijdelste. En opeens is ze nog bekend ook, door dat EK in Nederland, door haar kopbal in de openingswedstrijd tegen Noorwegen, door haar sprintje richting familie, koning en koningin, door de expressie op haar gezicht.

'Lachen is de muziek van je hart', staat op haar arm getatoeëerd, in het Engels. Ze is snelle vrolijkheid. Zaterdag in Doetinchem speelt ze met Nederland de kwartfinale van het EK tegen Zweden. Ze hoopt op kansen, op dieptepasses, op perfecte voorzetten naar spits Miedema, wier chagrijn toeneemt door het uitblijven van een doelpunt. Ze is rechtsbuiten met soms schitterende schijn- of passeerbewegingen, alsof ze zelf nauwelijks beseft wat ze doet.

Wie kende Shanice van de Sanden, buiten de insiders? Shanice heet ze, maar andere speelsters noemen haar Sjaan. Sjaantje. 'Dat vind ik leuk.' Haar imago past bij een ploeg die snel wint aan populariteit. Ze is positief. Uitbundig. Ze voetbalt met lippenstift op. Het haar moet goed zitten. 'Ik ben het ijdelst.' Ze is wat rusteloos, net als het spel van de ploeg soms. 'Ik ben vooral bezig met mezelf, om verder te komen. Ik wil nog meer. Nog belangrijker zijn voor het nationale team.'

Anderzijds kent ze haar plaats. Ze speelt bij Liverpool, maar denk dan niet aan Anfield of aan Wijnaldum. Ze is twee keer bij een duel van de mannen geweest. De programma's overlappen elkaar vaak. 'We zien ze nooit, behalve bij een clinic. Daar maakte ik eens een praatje met Sturridge. Wijnaldum heb ik nog nooit gezien. Dat geeft ook niet. Ik zit daar niet om die mannen te zien. Ik zit daar voor mezelf, voor mijn teamgenoten.'

Voorbeelden had ze trouwens nooit, vroeger. 'Ik was tot mijn 12de nooit met voetbal bezig.'

In Liverpool woont ze met drie teamgenoten. Ze heeft haar eigen auto, kan leven van voetbal en kijkt beelden van zichzelf terug. 'Om mezelf beter te maken.' De ploeg traint en speelt op kunstgras, op 15 minuten van de stad, voor een paar honderd toeschouwers. 'Dat is niet veel, nee.' Maar dat geeft niet.

Ze leeft haar droom. Het EK. Een club in Engeland.

Van fotograferen in Liverpool wordt ze rustig. 'Liverpool is een mooie, oude stad. Echt cool.' Dat woord gebruikt ze vaak: cool. En vet. 'Er zijn plekken met graffiti die bijna elke week zijn vernieuwd. Vette eettentjes. Heel erg leuk. En de haven, die is pas mooi.' Ze is nog niet in het museum van de Beatles geweest. 'De Beatles vind je overal daar. De Cavern Club, ja, daar ben ik al geweest. Vet.'

Ze is er vooral om te voetballen, om beter te worden, want ze beseft dat ze een bepaald deel van de technische bagage mist. Haar voorzetten zijn vaak matig. Zij is waarlijk symbool voor de snelle groei van een sportploeg. 'Technisch ben ik niet zo goed als Lieke Martens. Maar dat vind ik niet zo erg. Ik zit hier met mijn eigen kracht. Ik ben hartstikke snel. Dat heeft het team ook nodig. Ik train op rustig blijven, zodat ik een goede voorzet geef of op doel kan schieten. Normaal zit ik nog heel erg in mijn sprint, en dan gaat de voorzet weleens achter. Het kan niet allemaal perfect zijn.' Soms twijfelt ze tussen voorzet of schot.

Tegenstanders vrezen haar snelheid. Zo vaak is ze al vertrokken na een dieptepass van bijvoorbeeld Jackie Groenen. Als ze aanzet, zindert het stadion. 'Vet. Ik krijg daar kracht van. Mooi, al die mensen zijn zo enthousiast, vriendelijk en positief.'

Die goal in Utrecht tegen Noorwegen, met het hoofd: het kon niet mooier. Ze is geboren op 2 minuten van het stadion. 'Ik liep een krantenwijk om een seizoenkaart te kunnen kopen voor de Bunnikside. Het was meer een uitje om met mijn broer mee te gaan.' Ze noemt hem vaak, Deswin. Ze rende op straat weleens tegen hem en verloor. Dan moet hij snel zijn geweest.

Vijf jaar geleden, onder bondscoach Roger Reijners, kreeg ze geen uitnodiging voor Oranje. Hij was ontevreden over haar balaanname en rendement. Had hij gelijk? 'Ja. Zeker. Die punten van kritiek heb ik opgeschreven, in mijn telefoon. Uiteindelijk nam de trainer die niet tevreden was me mee naar het WK.'

Ze toont haar tatoeages. Behalve de Engelse tekst de eerste letter van haar familieleden. Moeder Jolanda. Dan de kinderen: Marvin, Germaine, Deswin, Shanice, Mariah, Gaëlle. Drie broers, zijzelf, twee zusjes. Haar vader woont in Suriname. Met hem heeft ze weinig contact. Drie oudere broers, maar geen eentje zat op voetbal.

'Ik ben nooit aangestoken. Ik voetbalde nooit. Ik zat altijd achter de computer. Msn'en met vriendinnetjes. Praten over niks. Alleen trapte ik weleens een balletje tegen de poort, achter het huis. Toen heeft mijn buurman me ingeschreven bij VVIJ in IJsselstein. Hij zei: 'Je bent altijd thuis, je zit altijd achter de computer. Ga eens iets leuks doen.' Vanaf toen ging het snel.'

En nu wil ze van Zweden winnen, in de kwartfinale van het EK, om het genot te verlengen. Het vertrouwen is daar, de kracht, de sfeer. Ze weet het nog goed, de dag van haar doelpunt tegen Noorwegen. 'We kwamen aan met de bus. Het was bizar druk. Iedereen ging juichen en schreeuwen. Ik was nerveus. Na het fluitsignaal was de spanning meteen weg. Mijn eerste actie was goed. Dat is echt belangrijk. Het was helemaal niet zo mijn wedstrijd, maar die goal doet alles.'

Ze bereidt zich voor met muziek. Broederliefde en zo. Ze maakte haar eigen motivatiefilmpje, met goede momenten bij het Nederlands elftal en bij Liverpool. Muziekje eronder. 'Daarvan krijg ik een boost. Tijdens het Wilhelmus zag ze de koning en koningin staan. Na haar doelpunt rende ze richting haar familie.

'Toen zag ik de koning en de koningin ook helemaal gek worden en ik dacht: effe...' Ze zwaaide naar het koningspaar. 'Het was heel spontaan. Zoals ik ben.'

Bedankt, Lieke Martens

30 juli 2017

Een overdenking tijdens het EK in Nederland.

Misschien is mijn grootste ontdekking van het EK dat ik liever naar Lieke Martens kijk dan naar Cristiano Ronaldo en dat heeft niets met seksisme te maken.

Mij wordt geregeld verweten te positief te berichten over vrouwenvoetbal. Dat verwijt is deels terecht. Ook bij mijn vijfde eindtoernooi knijp ik weleens een oogje dicht bij het gebrek aan elementaire technische vaardigheid. Dat gebrek is trouwens ook te aanschouwen in de eredivisie voor mannen, met het verschil dat zij gemiddeld 2,5 ton per jaar opstrijken voor hun gestuntel.

Dat vrouwen tegenwoordig ook al zo tactisch beginnen te voetballen, is jammer. Bij de mannen is veel kijkplezier verpest door trainers, die op school leerden dat compactheid de heilige graal is, zo compact dat een fatsoenlijke uitvoering alleen is gegeven aan de werkelijk groten der aarde. Vrouwen willen dat nadoen, in plaats van de relatieve onschuld in hun spel te laten bloeien.

Voor Messi mogen ze me wakker maken en voor een paar andere spelers en een aantal teams ook. Maar de totale vercommercialisering van het voetbal is een gruwel. Het interesseert me hoegenaamd niets of Manchester City wint. Josep Guardiola was de vormende trainer die wereldwijd respect afdwong met zijn schitterende stijl, totdat hij ontdekte dat in Engeland weinig te vormen is, tenzij hij zich laaft aan de bron van het superkapitalisme.

Een jongen van 18 (Mbappé) kost 180 miljoen. Een niet meer te begrijpen financiële constructie om Neymar van Barcelona naar Parijs te brengen. Geldstromen die niemand kan achterhalen. Een politiemacht om op de eerste serieuze voetbaldag supporters van Utrecht en Lech Pozman uit elkaar te houden.

Weet u nog, die verhalen over Wesley Sneijder, over hoe belangrijk hij Oranje vindt? Over een maand is de beslissende wedstrijd voor het WK tegen Frankrijk. Sneijder heeft na zijn afscheid bij Galatasaray nog steeds geen club, ondanks het dringende verzoek van bondscoach Advocaat om perfect voorbereid uit de zomerstop te komen. Zo belangrijk is het allemaal. Eerst geld, dan de rest.

Het staat ver af van mijn gedachten over sport. Mede daarom geniet ik meer van de sierlijke, pure, bijna volmaakt tweebenige dribbelaar Lieke Martens dan van Cristiano Ronaldo. Een topsporter, zeker, maar op een of andere manier raakt hij me nauwelijks, met zijn gebaartjes, zijn halfbakken dreigementen om te vertrekken bij Real, zijn egoïsme.

De charme van vrouwenvoetbal is de relatieve puurheid.

Het proces van sportieve groei voltrekt zich voor je ogen. Dat het EK is opgepompt tot hype, dat hoeft voor mij niet, maar zo gaat dat nu eenmaal. Kijk naar de Olympische Spelen, naar Max Verstappen, naar Tom Dumoulin. Overal waar Nederlands succes lonkt, staat commercie op de stoep en trekken feestcomités in polonaise langs.

Vrouwenvoetbal is voor mij ook een vluchtheuvel, die elk jaar breder wordt. Vanaf de heuvel zien we toe hoe de mannen langs razen, in steeds hoger tempo. Het wachten is op de grote crash.

Lef, creativiteit en aanvalslust

6 augustus 2017

Gelukstranen. Een ode aan teamsport. Meisjesdromen. Nederland is Europees kampioen, na de zege met 4-2 in de finale tegen Denemarken.

Terwijl het laatste zonlicht van de dag in vrolijke stralen op het veld viel, ontlaadde de spanning bij Oranje zich in een catharsis van spontane, unieke vreugde. Gelardeerd met gelukstranen. De vrouwen van de nationale voetbalploeg sprintten over het veld, om in elkaars armen te eindigen. Basisploeg en reserves, als ode aan het team.

De lange reis op de weg naar erkenning van het vrouwenvoetbal kende zondag een glorieuze tussenstop in Enschede, met het behalen van de Europese titel; het was niet onmogelijk geacht, maar een verrassing is de overwinning zeker na de hegemonie van Duitsland met zes kampioenschappen sinds 1995. Het is de eerste Europese titel voor Nederlandse vrouwen in de geschiedenis bij de senioren, de tweede na die van de mannen van Rinus Michels in 1988. Nu is Sarina Wiegman uit Den Haag de bondscoach, die in december de ontslagen Arjan van der Laan afloste.

Heerlijk was de uitgelatenheid van de winnaars. In de gangen van het stadion bulderde het 'kampioenen, kampioenen', terwijl bij de spelersbus duizenden supporters wachtten op de speelsters. Nederland versloeg Denemarken met 4-2, in een finale die wervelde, vooral in de eerste helft. Het leek alsof de jacht op doelpunten vrij spel was, alsof was afgesproken dat deze finale na een kwalitatief mager toernooi een reclamespot moest zijn.

Kort na de pauze viel de al bijna beslissende treffer (3-2) van aanvoerder Sherida Spitse, uit een vrije trap, waarbij keeper Petersen net als haar Zweedse collega Lindahl vorige week recht achter de muur ging staan en zichzelf daarmee tot kansloze pion degradeerde. Waarna topschutter Vivianne Miedema aan alle onzekerheid een eind maakte, anderhalve minuut voor het einde van de reguliere speeltijd. Ze joeg de bal in het net, na een mooie schijnbeweging. Met vier doelpunten was ze de beste schutter voor Oranje op het toernooi.

Nederland veroverde Europa met zes overwinningen op rij. Alles gewonnen dus, met lef gespeeld, met creativiteit en aanvalslust. Geconcentreerd verdedigd. Soms geluk gehad, het zij gezegd, maar zonder geluk zijn weinig kampioenen geboren. Plus de beste speelster van het toernooi geleverd, Lieke Martens, de dribbelaar op de linkerflank. Oranje was bij de aftrap van het toernooi het zesde Europese land op de wereldranglijst, na Duitsland, Frankrijk, Engeland, Zweden en Noorwegen. Het versloeg Engeland, Zweden en Noorwegen, en ook nog Denemarken (twee keer) en België.

De reis naar de top was vermoeiend en opwindend. Wiegman vertelde eerder dit toernooi over de huldiging voor haar honderdste interland, in 2001 door Louis van Gaal, op een amateurveld in Hoogeveen. Ze sprak de ambitie uit bondscoach te worden, nota bene na een kansloos verloren duel met Denemarken. Daar, achter de coulissen van de glorie, voltrok zich het vrouwenvoetbal van toen. En nu was daar die finale in Enschede, voor 28.182 toeschouwers officieel, maar het hadden er ook twee keer zoveel kunnen zijn. Drie keer zoveel. Tien keer zoveel. En miljoenen mensen keken naar tv.

De reis was dus vermoeiend en opwindend. Lieke Martens, een meisje uit Nieuw-Bergen in Limburg, wilde voetballen en niets anders dan voetballen. Jackie Groenen kreeg van haar ouders een doel cadeau met Kerst, om eindeloos te oefenen. Shanice van de Sanden, de razendsnelle publiekslieveling, werd door haar buurman aangemeld bij een club omdat ze altijd met een bal tegen de poort trapte. Vivianne Miedema vocht net als al die anderen tal van duels uit met jongens, tot de puberteit en later. Kika van Es herstelde van een dubbele beenbreuk. Mandy van den Berg verloor haar plek als aanvoerder en mocht in de laatste minuten invallen. Iedereen heeft zijn verhaal. De internationals kozen voor een andere sport dan hun ouders misschien wensten, ze negeerden commentaar op vrouwenvoetbal, ze leefden hun droom. En ze vonden zich zondag terug met de beker in handen.

De wedstrijd was dus open als finales zelden zijn. Nederland viel het hele toernooi aan, op Nederlandse wijze, met gebruik van de vleugels. Denemarken kwam echter op voorsprong door een strafschop van Nadim, die met haar moeder en zusjes vluchtte uit Afghanistan en een internationaal rolmodel voor het vrouwenvoetbal is. Het was snel gelijk, door een van de vele mooie doelpunten van Oranje. De pass van Groenen langs de lijn, de voorzet van Van de Sanden, de treffer van Miedema. Martens zette de ploeg op voorsprong met haar linkerbeen, nadat ze de aanval zelf had opgezet. Bij rust was het weer 2-2, door een schot van Harder.

Na de pauze sloeg Oranje definitief toe: 3-2, 4-2. Vier goals in de finale. Winnaar. Maandag vaart de boot met de kampioenen door de grachten in Utrecht.

Roem straalt af op het collectief

6 augustus 2017

Het is aan de KNVB het succes te verzilveren na de Europese titel, door een sterkere eredivisie te helpen formeren bijvoorbeeld.

De uitgelatenheid bij de Europese kampioenen vrouwenvoetbal was aandoenlijk mooi. Op en neer golfde gejuich door de gangen. De voetballers klapten voor elkaar en schreeuwden hun stemmen schor. Met zijn drieën zaten ze op een podium bij de pers, de onderscheiden individuen Martens (beste speelster toernooi), Miedema (tweede topschutterslijst) en Spitse (beste speelster finale). De rest keek geamuseerd toe.

Aanvoerder Sherida Spitse moest even haar stem hervinden, voordat ze zei: 'We hebben vier goals gemaakt in de finale van een EK. Dat is fantastisch.' Bondscoach Sarina Wiegman huilde. Haar hoofd liep om van emotie. 'We hebben de beker. Niet normaal. We hadden een droom. We wilden dit EK de harten van het Nederlandse publiek veroveren door alles te geven, door perfect samen te werken en zo goed mogelijk te spelen in balbezit. Dat is gelukt. De kans dat we kampioen zouden worden, was klein, gezien de geschiedenis. Maar alles zat mee. Dat ging dus door mijn hoofd. En de ploeg heeft zich fantastisch geprofileerd in de media.'

'Laten zien wie we zijn', was een motto van Wiegman voor het toernooi. Nadat de titel was veroverd, vroeg ze speciaal aandacht voor de toekomst. 'De groei van het vrouwenvoetbal is fantastisch, maar we moeten het ook snel hebben over hoe we het verder organiseren, door te voldoen aan de behoefte van het kind, te zorgen voor een goede situatie voor jongens en meisjes. Dat is een taak voor de KNVB, voor de clubs. Het ledenaantal zal nog sneller groeien. Gemengd voetbal bij de jonge jeugd, daarvan ben ik voorstander. Het gevaar is dat alle meisjes door de snelle groei bij elkaar gaan, maar dat is niet de juiste stap. Formeer topprogramma's voor jongens en meisjes.'

Ze hoopt tevens op een impuls voor de eredivisie, de competitie die met negen clubs wordt hervat. 'Die impuls heeft ook te maken met geld.' En ze moedigt vrouwen aan kaderfuncties te vervullen. Als bestuurslid. Als trainer. 'Ik daag vrouwen uit cursussen te volgen. Ga iets doen in vrouwenvoetbal.'

Wiegman noemde de titel 'heel, heel, heel bijzonder', en wees ook alvast op de kwalificatie voor het WK van 2019 in Frankrijk, die in het najaar begint. Terwijl ze zich zorgen maakt om het voetbal aan de basis, zijn de faciliteiten voor de toppers steeds beter. Steeds meer internationals tekenden de afgelopen jaren een mooi contract in het buitenland. 'Ze hebben zich dusdanig laten zien dat ze op steeds hoger niveau voetballen. Ik hoop dat dit toernooi een boost geeft aan vrouwenvoetbal in zijn totaliteit.'

Het toernooi zal als bijzonder de geschiedenis ingaan. Duitsland was dé kampioen van de laatste decennia. Wiegman: 'Niemand kon daarbij in de buurt komen. Denemarken heeft het veranderd door Duitland uit te schakelen. Wij hebben het voortgezet. Het was een geweldige wedstrijd door het aanvallende spel, en de ruimte die beide ploegen weggaven. Dat is wat we te winnen hebben met vrouwenvoetbal. Mooie, open, aantrekkelijke wedstrijden. Het was een fantastische avond voor het publiek, en voor ons zeker.'

De speelsters vielen elkaar in de armen, zongen in de gangen van het stadion, renden naar buiten om de supporters te begroeten en deelden hun euforie. Vivianne Miedema, die vier keer scoorde in de laatste drie duels: 'Ik ben gelukkig dat ik het team heb kunnen helpen. We hebben zes fantastische wedstrijden gespeeld. Ik ben zo trots. Laten we hiervan genieten. En we hebben laten zien dat we ook een achterstand kunnen omdraaien.'

Voor het eerst tijdens het EK stond Nederland achter. 'Het is een droom. Na de 3-2 van Sherida voelde ik dat het niet meer mis kon gaan. We zijn de verdiende winnaars van het toernooi.'

Dat vond Lieke Martens ook, die vlak voor het toernooi voor drie jaar tekende bij Barcelona: 'We hadden zo veel vertrouwen. Voor het eerst kregen we twee goals tegen, maar daar stellen we er gewoon vier tegenover. Sarina heeft niet zo veel veranderd, sinds ze het in december overnam van Van der Laan. Ze gaf ons veel vertrouwen. En we willen graag positiespel spelen. Dat heeft ze ons laten uitvoeren.'

Wiegman was de enige vrouw onder de bondscoaches in de halve eindstrijd. Of dat toeval is? 'Natuurlijk vind ik dat we vrouwen een kans moeten geven, maar we moeten vooral goede trainers kansen geven. We zullen vooral meer vrouwen moeten opleiden, zodat we meer vrouwelijke trainers krijgen.' Om af te sluiten met: 'Wij, vrouwen, zijn soms te nederig.'

Genderneutraal voetbalgeluk

6 augustus 2017

Nog een overdenking tijdens een gewonnen EK. En Isa, die in onderstaand stukje voorkomt, speelt inmiddels in het Nederlands elftal onder vijftien jaar.

Zuur gemurmel over vrouwenvoetbal van wat oudere mannen; het is heel erg 2016. Beschouw de Europese titel van 2017 gerust als revolutionair. Onthoud, afgezien van de dribbels van Martens, de creativiteit van Van de Donk of het middenveldspel van Groenen, de beloning voor de intrinsieke motivatie van meisjes en vrouwen om hun geliefde spel te bedrijven.

Ik was erbij tijdens de toernooien met Nederland in 2009, 2013 en 2015, en heb de pijlsnelle ontwikkeling met enthousiasme gevolgd. Het proces van countervoetbal, via onmachtig aanvalsvoetbal tot succesvol aanvalsvoetbal, uitgevoerd met passie en vreugde. Van bondscoach Pauw, via Reijners en Van der Laan naar Sarina Wiegman, na Rinus Michels de tweede kampioen voor Nederland in het landenvoetbal voor senioren. Ja, het kan nog veel beter, maar let op, hockeyers en andere teamsporters: voetbal is straks met afstand de grootste teamsport voor vrouwen in Nederland. Gewoon, omdat het een leuk spel is, om het even wie het speelt.

Donderdag, tijdens de rust van de halve finale tegen Engeland, zag ik bij de perstribune Isa Colin met haar vader. Isa is 13 jaar. Ze zat één jaar in het team bij mijn jongste zoon Joshua. Ze is onmiskenbaar een talent met een prachtige dribbel. Hoe ze het vond in Enschede, tussen bijna dertigduizend toeschouwers? Het leek of ze niet wist hoe ze haar geluk moest uiten. Dat ze hier bij was, ze kon het nauwelijks geloven. Het maakte haar niets uit dat ze pas diep in de nacht thuis zou zijn. Isa gaat straks naar een speciale middelbare school in Alkmaar, waar ze elke dag mag trainen, nog voor de lessen beginnen. Het liefst wil ze altijd voetballen, elke dag, bij Ajax, of waar dan ook.

Dat nu, lieve mensen, is inspiratie en motivatie. Ook meisjes mogen tegenwoordig dromen over een leven als voetballer, al verdienen ze dan nog geen miljoenen, al zijn er geen Qatari om hun contract af te kopen. De internationals van Wiegman hebben zich veel ontzegd door de jaren heen.

Ze joegen hun ambitie na, zij lieten zich niet koeioneren door jongens, door mannen die vonden dat voetbal vooral hun domein was. Ze gaven nooit op, tot ze hun zin kregen. Ze kunnen zo in een reclame van Sire: laat het moderne meisje vooral meisje zijn. Geluk is genderneutraal.

En gelukkig gaat het in het leven uiteindelijk niet om miljoenen. Het gaat eerder om inspiratie en motivatie. Inspiratie zoals ook Ajax die toonde, afgelopen woensdag tegen Nice, waar jonge voetballers schlemielig werden uitgeschakeld in de voorronde van de Champions League. Ja, daar kunnen we hele tactische analyses op loslaten, over verkeerd doordekken en zo. En we mogen de clubleiding bekritiseren, omdat ze in Amsterdam denken dat met alleen jonkies prijzen te winnen zijn. Maar de inspiratie spatte van het spel. Net als bij de vrouwen.

Diezelfde inspiratie gloeide in de ogen van het meisje Isa.

Allemaal miljonair

26 november 2017

De discussie over gelijke betalingen neemt toe, nu de vrouwen steeds beter presteren.

Let wel: ik gun ze allemaal een miljoen. Lieke Martens zeker. Miedema ook een miljoen, plus een mooie auto met een open dak. Groenen een miljoen. Maar toch heb ik ook het gevoel dat het streven van de vrouwen naar een betere beloning voor hun voetbalkunsten bij de KNVB op hol slaat.

Spits Vivianne Miedema zei in een interview met The Guardian dat de vrouwen van bondswege een gelijke beloning verdienen als mannen, analoog aan de situatie in Noorwegen, omdat ze evenveel voor hun sport doen. Later zei ze dat ze verkeerd was begrepen, maar de uitspraken waren zo gedetailleerd opgetekend, dat ze vermoedelijk geschrokken is van de impact.

Motivatie, daarom gaat het in eerste instantie in sport. Hoe graag wil de sporter een doel bereiken, zelfs als hij of zij niets krijgt? Jarenlang ben ik met de volleyballers opgetrokken. De lange mannen verdienden nagenoeg niets, lieten zich in vliegtuigen vouwen om overal ter wereld tegenstanders te zoeken van wie ze beter werden. Uiteindelijk wonnen ze de olympische titel van 1996, een herinnering die niet in geld is uit te drukken. Pas later, bij buitenlandse clubs, gingen sommigen goed verdienen.

Hockeyers hoor je vrijwel nooit over geld. Die weten: dat is er niet, daar gaat het ook niet om. Nu zien we de opkomst van voetbalsters, in een tak van sport waar het te vaak om geld draait, waar menig man zwaar overbetaald is. En als zij dan sympathie verwerven door prestaties, kun je op je vingers natellen dat het ook hier over geld zal gaan. Ze vergeten dat het bij de mannen decennia heeft geduurd voordat ze bovenmodale salarissen kregen. Dat is een proces geweest van professionalisering en internationalisering, van aangewakkerde interesse van sponsors, van de massale aanwezigheid van toeschouwers.

Nu kunnen we best besluiten het geld dat de KNVB ontvangt gelijk te verdelen tussen mannen en vrouwen, maar is dat reëel? Speltechnisch mogen we vrouwen- en mannenvoetbal niet meer vergelijken, vinden ook de vrouwen zelf. We mogen niet zeggen dat ze de bal soms beroerd aannemen, dat het spel veel trager gaat, dat het er heel anders uitziet dan bij de mannen. Want vrouwenvoetbal is een andere sport, met een eigen dynamiek.

Behalve als het om de beloning gaat, dan mag de vergelijking weer uit de kast. Terwijl het niveau zeker in de breedte niet eens lijkt op dat van de mannen. Goed, die hebben zich niet geplaatst voor het EK en voor het WK, maar slechte landen bestaan bijna niet meer bij de mannen. Bij de vrouwen wel. In de kwalificatiereeks voor het WK gaat het tussen Noorwegen en Nederland. De rest is nog lang niet zover, om de simpele reden dat het vrouwenvoetbal qua ontwikkeling jaren, misschien decennia achterligt.

De vrouwelijke internationals zijn geweldig bezig, ze zijn sportploeg van het jaar, ze verdienen meer dan ze krijgen, maar we moeten niet overdrijven. Anderzijds: van mij mag het, Stefanie van der Gragt miljonair.

'Ik geniet van een goede tackle'

6 maart 2019

In een vierluik praat Jackie Groenen (24) over het aanstaande WK. In deel 1: passie. Als kind krijgt ze met kerst een doel om beter te leren schieten. Jaren later scoort ze met een geplaatst schot, in de halve finale van het WK tegen Zweden.

'Ik wil de beste van de wereld zijn', zegt Jackie Groenen in een Italiaans restaurant in Königstein, een dorp bij Frankfurt. Ze voetbalt bij FFC Frankfurt. In die stad wonen ook haar meeste teamgenoten. Zij houdt van rust, van het glooiende dorp met zijn doorkijkjes en Christusbeeld. Wie de beste wil zijn, heeft motivatie nodig, passie, trainingsijver en rust. Königstein is haar biotoop van concentratie.

Groenen is een voetbalbeest, in wier ziel het vuur van haar vader ontbrandde. 'Ik ben groot geworden met passie. Op voetbal is al mijn passie neergedaald.' Haar ouders zijn perfectionisten. Vader Jack in sport. Moeder Lisette als voedingsdeskundige. Zij geeft les aan de universiteit in Wageningen en maakt ongekend lange dagen. Van woonplaats Poppel in België naar Wageningen, elke dag. Kwart over vijf weg, acht uur, half negen thuis.

Vader Groenen had nooit rekening gehouden met twee voetballende dochters. 'Mijn vader is nog een level fanatieker dan ik.' Als kind trainde ze niet twee, maar vier keer in de week bij GSBW in Goirle, met pa als trainer. 'We woonden in België, maar in Nederland kon je tot je 19de bij de jongens voetballen. Dat was volgens hem het beste. Zelfs toen wij nog niets konden, was hij al bezig met wat het beste voor de toekomst zou zijn. Terwijl ik het alleen ontzettend koud had toen ik 4 of 5 was.'

'Vier, vijf keer trainen in de week, dat hoorde eigenlijk niet. Twee keer was de norm. Mijn zus en ik stroomden in bij het team met jongens. Met dat team zijn we acht, negen jaar bij elkaar gebleven. We kregen zelfs problemen bij GSBW. Twee keer trainen moest het zijn. We zijn met het hele team naar Riel vertrokken, in het volgende dorp. We werden de D2, want de jongens uit het dorp waren D1. Wij speelden drie klassen hoger dan zij. De voorwaarde was dat ieder clublid mocht meedoen aan de training van zondag. Na een jaar hadden we veertig, vijftig mensen, terwijl mijn vader de enige trainer was. Het was zo leuk om dat fanatisme te zien.'

Uit de Riel-tijd dateert een geweldige foto van een wedstrijd tegen Kaatsheuvel, als tal van grote jongens op jacht zijn naar een blond, spichtig meisje, Jackie Groenen. Ze was twee jaar jonger en speelde soms drie duels in het weekeinde. Twee bij de jeugd op zaterdag en zondag in Dames I, als 13-, 14-jarige. Tegenstanders protesteerden weleens bij de KNVB omdat ze te jong was. 'We hebben veel punten moeten inleveren.'

Ze was klein en had weinig (schot)kracht. Dribbelen was haar methode. Ze haalde amper het doel vanaf de zestienmeterlijn. Eens met Kerst, toen alle cadeaus waren uitgepakt, zei vader tegen moeder: 'Jouw cadeau staat buiten.' Moeder verwachtte een auto of zo. 'Toen stond er een doel in de achtertuin, met een gigantisch vangnet.' Konden de zussen Merel en Jackie nog meer trainen. En schieten.

In de garage had vader een minivoetbalzaal gebouwd. Matrassen tegen de wanden, judomatten op de vloer. Doeltjes. Een kleine tribune. Zaterdag, na de wedstrijd, kwamen de jongens bij de Groenens thuis, voor twee tegen twee toernooitjes. 'Hard! Iedereen mocht elkaar tegen de muur beuken. Dat ging tot aan huilen toe.'

De passie is altijd blijven branden. Ze vindt het heerlijk om te trainen, om andere oefeningen te doen. Ze kocht een 'kickback rebounder' om op te schieten. 'Leuk man.' De bal komt in een onverwachte baan terug. Ze stelt soms trainingen voor zichzelf samen. Meestal traint Frankfurt twee keer daags. Dinsdag is haar vrije dag. 'Die heb ik nodig. De trainingen zijn echt zwaar hier. Schieten uit de tweede lijn, scoren, dat moet beter. Als ik een bal duizend keer aanneem en duizend keer in dezelfde hoek schiet, zal het in de wedstrijd misschien net iets soepeler gaan in die positie.'

Haar mindere schieten komt mogelijk omdat ze altijd met oudere jongens voetbalde. Zij draaide weg van een tegenstander en gaf een steekpass op een snelle jongen voorin. Dan konden zij schieten. Ze kwam niet zo dicht bij het doel, tenzij na een dribbel. Ze liep de bal in het doel, als het ware.

Groenen is hard voor zichzelf. 'Ik heb niet vaak wedstrijden waarover ik totaal tevreden ben.' Ze is soms bijna ziek van vermoeidheid. Haar ploeggenoten spreken weleens af om te bowlen na de wedstrijd. 'Dat kan ik niet. Ik ben dan helemaal klaar en ga op de bank liggen om voetbal te kijken.'

Hoewel ze het liefst 'op tien' speelt, achter de spits, is ze bij haar club centrale middenvelder, maar dan verdedigend. 'Het is leuk. Nog meer werken. Ik zoek de aansluiting naar voren, maar ik moet ook tijdig terug zijn.' Wat het allermooiste is? 'Van een geslaagde steekbal kan ik intens genieten. Of van een goede tackle. Het voetballen zelf is het mooist aan voetbal. Ik ben niet zo'n kleedkamerpersoon. Daar ben ik vrij rustig, hoewel ook wel nerveus. Ook omdat ik me druk opleg om goed te voetballen. Mijn zondag is niet tof als ik niet goed heb gevoetbald.'

Haar ouders komen elk weekeinde kijken, tot in Jena en Berlijn toe. Vader is er altijd, moeder bijna altijd. 'Toen ik bij Chelsea speelde, waren ze er ook bijna elk weekeinde. Vliegen? Nee, met de auto, door de tunnel. Als mijn zus Merel zaterdag speelt, gaan ze eerst bij haar kijken. Dan rijden ze naar mij. En zondag rijden ze ook weer terug, om maandag te werken.

'De verste uitwedstrijd is in Potsdam, bij Berlijn. Dan rijden ze zondag om een uur of vijf uur terug. Ja, de volgende dag rijdt mijn moeder dan weer naar Wageningen. Ik heb heel veel geluk met mijn ouders. Ik heb nooit iets niet gehad. We hebben het altijd samen gedaan.'

'Mijn vader zei: schop maar terug'

5 april 2019

In deel 2 van een vierluik over het bestaan als voetbalprof op weg naar het WK praat Jackie Groenen over roem en verdiensten. Een paar maanden na het gesprek tekent ze een contract bij Manchester United.

Als de voetballende man bij wijze van spreken drie goede duels speelt, is hij beroemd. Als hij daarop drie keer faalt, wordt hij weer verguisd. Hoe is dat met de voetballende vrouw, de Europees kampioen van 2017? 'Het is drukker geworden met randzaken', zegt Jackie Groenen. 'Maar ik kan niet zeggen dat mijn leven totaal is veranderd. Ik heb alleen meer te doen en moet mijn tijd indelen. Ik merkte dat ik daar niet goed in was, dus ben ik blij dat ik nu een management heb.' Ze staat onder contract bij Players United van Guido Albers.

Jackie Groenen had in Duitsland al een naam toen ze relatief kort vóór het gewonnen EK bij de nationale selectie kwam. Ze voetbalde al als 15-jarige in de hoogste klasse van Duitsland. Ze was een wedstrijd wezen kijken bij Essen. 'Ik onderzocht wat ik wilde. In Nederland tot mijn 19de bij de jongens voetballen leek me het beste.' De eredivisie voor vrouwen was net opgericht. Ter oriëntatie bezocht ze met haar vader een duel van Essen, topclub in Duitsland. 'Bij die wedstrijd waren duizenden toeschouwers. Mijn vader zei: 'Ik denk dat jij hier wel mee kan.' Ik zeg: nee pap.'

Ze liepen naar de trainer en Groenen vroeg of ze bij Essen mocht voetballen. 'Terwijl ik kleiner was dan klein. Ik had niks. Geen spieren. Niks.' De trainer van Essen begon te lachen. Ze gaf haar telefoonnummer en zei dat ze drie dagen bleef. Ze mocht een keer komen trainen. De dag erop deed ze mee in een oefenwedstrijd en tekende ze een contract voor drie seizoenen.

'Ik heb een hoop gezeik gehad. De eerste maanden waren een hel. Ik sprak geen woord Duits. Essen stond op een degradatieplek en wilde iets forceren. In die oefenwedstrijd speelden we met het tweede tegen het eerste. We stonden bij rust met 2-0 voor. Na rust deed ik bij het eerste mee. De speelsters kregen nogal op hun flikker. Zo van: dat meisje is 15. Wat is er met jullie aan de hand? Zo kwam ik binnen. Op nummer tien speelde een vrouw van 36, die al 20 jaar in dat elftal speelde. De vedette. Die moest naar zes, ik mocht naar tien.

'Zij heeft van die eerste maanden een hel gemaakt. Dan kwam ik de kleedkamer in, zei ik hallo en antwoordde op een paar meiden na niemand. Dat was onderling overlegd. Ik werd geregeld echt onderuit geschopt, ook als de bal niet in de buurt was. Ik weet nog dat ik elke keer heel hard huilde als mijn vader en ik terugreden. Huilen was niet oké bij mijn vader. Hij zei: schop maar terug.'

Ze speelde zich in het elftal, Essen ging punten halen, handhaafde zich en Groenen vertrok naar Duisburg, toentertijd een grotere club. 'Ik ben heel snel volwassen geworden.' En nu is ze een toonaangevende international, clubvoetballer bij Frankfurt met een zaakwaarnemer die af en toe tempert. 'Ik zei te veel ja op alles.'

Ze vindt het leuk om mensen te leren kennen, om fotoshoots te doen, om te praten over voetbal. Maar het kostte te veel energie. 'Verder heb ik niet het idee dat ik een ander ben dan tijdens het EK, of dan vier jaar geleden. Ik ben al prof sinds mijn 15de. Sindsdien is voetbal het enige wat ik doe, met school erbij dan. Ja, daar kan ik goed van leven.'

Ze heeft een inkomentje als international en ze verdient geld bij haar club. Zo'n door sommigen voorgestelde gelijke verdeling van premies tussen mannen en vrouwen onder internationals? Ze vindt het moeilijk daarover een mening te vormen. 'Mijn gedachte is dat je moet verdienen wat je oplevert. Ik vind het daarom normaal dat een speelster bij Frankfurt minder verdient dan een mannelijke prof. Ik verkoop ook niet zoveel shirtjes als Ronaldo. Ik kan prima leven en drie keer per week uit eten, als ik dat wil.'

Ze kijkt wat ze aardig vindt om te doen. Puma is een sponsor. Ze deed wat voor Campina. Ze neemt vlogs op. Ze heeft een Lancia van zichzelf. Ze heeft ook nog hetzelfde contract bij Frankfurt als voor het EK. Het is niet opengebroken. 'Haha, nee. Ik heb destijds een contract getekend.'

De eigenaar wilde dat ze bleef na het EK, toen ze menig aanbieding kreeg en wel wilde vertrekken. Het kwam niet tot een transfer. 'Maar het is niet erg om hier te zijn. Ik heb veel te danken aan Frankfurt. Toen ik kwam, was ik de enige in de selectie die nog nooit een interland had gespeeld.'

Eigenaar Sigfried Dietrich is een zakenman. Hij richtte de club op. 'Hij is denk ik een van de eersten, een van de enigen misschien ook, die rijk is geworden van vrouwenvoetbal.' De club trekt gemiddeld rond de duizend toeschouwers. In betere tijden was dat twee- tot drieduizend. Na twee topjaren gingen speelsters weg en Dietrich wilde bouwen met jeugd. 'Hij heeft een beetje onderschat dat je ook ervaring nodig hebt. Daarover hebben wij veel discussies gevoerd.'

Maar ze is gelukkig in Königstein. Na het EK werd ze gehuldigd, met een plek in het ereboek van het dorp Kelkheim. Ze woont alleen. 'Ik woon hier nu vier jaar. Ik ken iedereen en ik loop overal in mijn eentje naar binnen.' Ze zit op gitaarles, om zich verder te ontwikkelen. Het is flink oefenen op Leonard Cohen.

Haar contract loopt af. Na het WK zal ze bij een andere club voetballen. 'Het besluit over mijn nieuwe club zal een familiebeslissing zijn, want ik ben echt een familiemens. Amerika zou echt een lastige keuze zijn. Maar voor elke optie hebben mijn ouders een idee hoe dat op te lossen, zodat ze toch kunnen komen kijken. Dat is helemaal geregeld.'

'Bij het vorige WK was het of ik tennis keek'

16 mei 2019

Jackie Groenen komt lange tijd niet in aanmerking voor het Nederlands elftal. Bijna was ze international voor België geweest.

Eerlijk gezegd heeft Jackie Groenen niet zoveel gezien van het vorige WK voor vrouwen, in Canada, waar Nederland debuteerde. Ze deed niet mee. Ze kwam niet eens in aanmerking voor Oranje. 'Ik was al zo lang niet meer in beeld bij de KNVB, dat het leek alsof het een andere wereld was. Ik was gewoon heel erg happy, als speler van Duisburg.'

Haar loopbaan als international is bijzonder te noemen. 'Ik had in nationale jeugdteams gespeeld, maar ik zegde op een gegeven moment af omdat ik met een trainster niet overweg kon. Eventjes afzeggen werd vier of vijf jaar. Het Nederlands elftal werd ongrijpbaar voor me. Ik had ook niet het gevoel dat ik in het nationale elftal moest voetballen. Het ging goed, met voetbal in de Champions League bij mijn club Duisburg. Het

WK was alsof ik naar tennis keek: hartstikke leuk om te zien, maar niet iets wat ik ging doen.'

Haar verhaal kreeg een aparte wending toen ze met Duisburg in België voetbalde tegen Anderlecht. De Belgische bondscoach Ives Serneels was toeschouwer. 'De dag erop stond hij voor de deur in onze woonplaats Poppel, in België. Ik wist echt niet wie hij was. Hij zei: 'Hoi, ik ben de trainer van België'. Hij kwam binnen met een co-trainer en een advocaat. 'We willen dat jij voor België komt voetballen.' Toen dacht ik: goh wat leuk. Dan kan ik EK's en WK's meemaken. Prima, zei ik tegen hem. Mijn vader en moeder vonden het ook leuk. Doe maar.'

Ze ging mee op trainingskampen en moest een Belgisch paspoort aanvragen. Al met al duurde het proces een jaar. Totdat de Fifa een verbod uitsprak. Ze had met de Nederlandse ploeg tot 17 jaar meegedaan aan een EK. 'In mijn ogen waren dat geen A-wedstrijden. Maar er bestond een regel dat je op het moment van spelen van die jeugdwedstrijd al een tweede paspoort moest hebben.' En ze bezat in die tijd geen Belgisch paspoort.

Jammer dan. Het was een heel gedoe geweest. 'Ik heb daarna wel meteen met de bondscoach van het Nederlands elftal gebeld, Roger Reijners in die tijd. Ik legde uit dat hij misschien niet precies wist wie ik was, maar dat ik graag in het Nederlands elftal wilde spelen. Hij beloofde me op de lijst te zetten, maar ik hoorde niets. En dat terwijl hij weleens bij mijn wedstrijden aanwezig was, want Lieke Martens kwam twee jaar na mij bij Duisburg. Ik heb hem ook nooit gesproken.'

Pas bij Reijners' opvolger Arjan van der Laan kwam ze bij de selectie, maar hij stelde haar vrijwel nooit op. Gelukkig voor haar werd Van der Laan een half jaar voor het EK ontslagen en opgevolgd door Sarina Wiegman, die met Nederland de Europese titel won in 2017. Wat was er mis met Van der Laan? 'Persoonlijk vond ik hem een heel aardige man, maar het klikte niet tussen hem en een heleboel meiden. Ik denk niet dat we met hem zoveel succes hadden behaald op het EK.

'Niemand had verwacht dat het EK zo groot zou worden. Dat kan met een WK ook zo zijn. Het WK is super, maar ik denk niet dat ik een minder gelukkig mens zou zijn als ik niet naar het WK zou kunnen. Het leven is alleen nog beter nu. Een WK is geweldig, al heb ik dan in het verleden vooral toernooien van de mannen gezien. Vaak buiten, bij een groot beeldscherm in de zomer. In Poppel. Of in Nederland. Dat hing ervan af, of België of Nederland het beter deed.

'Ik had nooit echt een WK-favoriet. Ik keek alleen heel erg op tegen Johan Cruijff. Zijn beelden blijven me altijd bij, net als die van Dennis Bergkamp. Maar ik droomde niet van een grote loopbaan als prof, een carrière als voetballers op een WK hebben. Het is misschien raar: jongens groeien al jarenlang op met het idee of de droom dat ze prof worden. Daarmee was ik totaal niet bezig. Ik wilde de beste van de wereld worden. Voor mij was voetbal alles. Ik ben de meest ambitieuze persoon die ik ken, maar ik heb nooit het idee gehad dat ik profvoetballer ging worden. Daarmee was ik gewoon totaal niet bezig. Nul.'

Ze is idolaat van Cruijff. Ze heeft zijn dvd's en banden oneindig vaak bekeken. Al sinds haar vijftiende speelt ze met nummer 14, ook in Oranje. 'Spelers als Cruijff, Messi en Frenkie de Jong hebben datgene wat ik mooi vind aan voetbal. Je ziet dat ze bijna geen beweging maken. Met een heel lichte lichaamsbeweging komen ze hun tegenstander voorbij. Het lijkt alsof het helemaal geen moeite kost. Je ziet Messi nooit een driedubbele schaar maken om een speler voorbij te komen. Hij loopt erlangs. Dat had Cruijff ook. Ik vind het heel erg dat ik Cruijff nooit heb ontmoet voor hij stierf. Ik had het echt leuk gevonden als hij me een keer had zien voetballen. Als je het hebt over persoonlijke doelen; dat was een doel geweest.'

'Ik kan alles doen wat ik wil'

5 juni 2019

In het laatste deel van een serie met Jackie Groenen in de aanloop naar het WK praat ze over Oranje en de kansen op succes.

Jackie Groenen kan bijna niet onder woorden brengen hoeveel zin ze heeft in het WK, haar eerste wereldkampioenschap. Ze geniet intens van het samenzijn, het vooruitzicht op de wedstrijden, de gesprekken met medespelers en trainers. 'Ik ben heel ambitieus, met een eigen mening. Met Sarina (Wiegman, de bondscoach) kan ik goede gesprekken voeren. Ze luistert en neemt opmerkingen serieus. Dan past ze dingen aan of niet. Met haar kan ik echt praten over voetbal, terwijl veel trainers dat meteen afkappen. Zo van: dat is mijn ding.'

Een toernooi is speciaal. Ze herinnert zich Foppe de Haan, bij het gewonnen EK van 2017 toegevoegd aan de staf. 'Foppe bracht stemming. Hij is een aparte man. In het begin had ik best moeite met hem. Hij had altijd echt een mening. Uiteindelijk hebben we veel van hem geleerd.' Wie de Foppe van nu is? Assistent Arjan Veurink? De andere assistent Michel

Kreek? 'Arjan is heel goed met mensen. Hij is echt top. En ik vind Michel ook top, en erg grappig bovendien. Het zijn alleen andere verhoudingen.'

Ze beschouwt de kansen op succes. 'We zijn outsider. Het is best moeilijk in te schatten, ook omdat ik tegen veel landen nog nooit heb gespeeld. Het is spannend en nieuw. Kameroen? We mogen niemand onderschatten. We zijn een team met kwaliteiten. Als die er allemaal uitkomen, kunnen we ver komen, en misschien zelfs winnen. Alles moet dan meezitten en op zijn plek vallen. Het is de moeilijkste vraag die ze ons stellen: gaan jullie het goed doen? Het antwoord: geen idee.'

Eigenlijk geniet ze nog steeds na van de Europese titel, behaald door de finale tegen Denemarken in Enschede te winnen met 4-2. 'Ik voel me echt nog Europees kampioen. Dat is heerlijk.' Dat genieten weet ze goed te combineren met haar passie voor voetbal. Haar leven is niet opeens in de war gestuurd als ze de titel mist. 'Ik ben geen minder gelukkig mens als ik niet naar het WK zou gaan. Het leven is nu alleen nog beter dan het was. Ik hoor weleens verhalen van mensen die echt zitten met faam. Het is allemaal te veel voor ze. Ik snap dat het voor anderen zo kan zijn, maar ik heb daarmee helemaal geen moeite.

'Ik heb een rare manier van ambitie, door heel fanatiek te zijn. Een keer rustig trainen kan ik niet. Dat moet ik echt leren. Maar als we een bepaalde wedstrijd niet winnen, gaat het leven gewoon door. Vaak merk ik een verschil tussen mezelf en jonge, opkomende spelers. We speelden eens een oefenwedstrijd tegen Wolfsburg, een tijd geleden. Dat is de absolute top. We deden het goed en stonden 1-0 achter in de rust, terwijl we kansen hadden. Dan kom ik in de kleedkamer en zegt iemand: zo, dat gaat een stuk beter dan de vorige keer. Toen was het al 4-0 in de rust. Daar kan ik dan gewoon niet tegen. Dan zeg ik: wat ben jij aan het doen? We staan 1-0 achter.'

Ze is blij en dankbaar dat ze opgroeit in een tijd van aan belang winnend vrouwenvoetbal. 'Mannenvoetbal is ook gegroeid door de jaren heen. Ook het vrouwenvoetbal zal groeien. Dat blijft zo. Als je de groei van het meisjesvoetbal ziet, gaat die stroom talent op een gegeven moment doorkomen. Ik raad goede meisjes nog steeds aan om bij jongens te spelen. Wij moesten wel, in onze tijd. Nu gaan veel meisjes met vriendinnetjes voetballen. Als ik al tips geef, is het: blijf met jongens voetballen.'

Dat beleid zal vruchten afwerpen. 'Toen ik jong was, was ik jaloers op mannen, dat zij in stadions mochten voetballen. Nu speel ik zelf in stadions. Ik had nooit verwacht dat mee te maken. Het is zo leuk, ook omdat wij dat nog niet echt gewend zijn. Daardoor krijg je enthousiasme. Dat is bij de mannen soms wat minder. Begrijpelijk, want zij spelen elk weekeinde in zo'n stadion. Als we met de nationale ploeg voetballen, denk ik altijd: oh gaaf, ik mag weer bij het Nederlands elftal spelen.

'Ik voel geen afgunst naar mensen die meer verdienen en kan alles doen wat ik wil. Meer hoeft niet. Ik maak me alleen weleens zorgen om later. Wat te doen na mijn carrière?'

Groenen studeert ook rechten in Tilburg. 'Maar ik heb geen werkervaring als ik straks 33 ben.' Voetbal vindt ze geen werk. 'Niet echt hoor. Mannen hebben het in dat opzicht iets makkelijker. Ze kunnen hun familie meenemen naar het buitenland. Dat kan ik niet. Dat zit niet in mijn salarispakket. Mannen hebben denk ik iets minder stress over wat ze na het voetbal gaan doen.'

Zij weet eigenlijk alleen wat ze meteen na het WK doet. Manchester United is haar nieuwe club. Ze prijst zich gelukkig met haar onlangs getekende contract. Een grote club, met een betrekkelijk nieuwe vrouwenafdeling, die onlangs is gepromoveerd naar de hoogste klasse. Maar eerst het WK. Daarin heeft ze echt ontiegelijk veel zin.

Morele waarden in plaats van geld

7 juni 2019

Merel van Dongen (26) is een bevlogen verdediger en een nadenkende prof. Ze vertelt kort voor het WK over ambitie, geaardheid en eenzaamheid. 'Het is nooit makkelijk op te komen voor de minderheid.'

Het leven van de voetbalprof is soms eenzaam. 'Dat is een totaal onderschat fenomeen. Ik vind dat journalisten veel vaker aan mannelijke voetballers moeten vragen hoe ze zich voelen. Want het is soms echt een rotleven, al word je dan hartstikke rijk.'

Zo praat Merel van Dongen. Bedachtzaam, duidelijk. Met een mening, geformuleerd met een lach. 'Come on', zegt ze geregeld tijdens het gesprek in Zeist, als ze zich verbaast over iets of iemand. Ze is international, prof bij Betis Sevilla en student psychologie. Linksbenige verdediger. Ze viel in als centrale verdediger tijdens de beslissende WK-kwalificatiewedstrijd tegen Zwitserland, toen Anouk Dekker al na een paar minuten de rode kaart kreeg. Ze voetbalde uitstekend. In de uitzwaaiwedstrijd tegen Australië verving ze linksachter Kika van Es al na een paar minuten, toen die haar middenhandsbeentje brak. Ook toen voetbalde ze goed, met haar felheid en uitstekende passing. Ze is klaar voor het WK, haar tweede WK.

Over eenzaamheid in het buitenland ging het dus: 'Allereerst de taal. Ik zit in een Spaans team. Iedereen praat met elkaar en je voelt je soms niet serieus genomen. Niet dat ze dat bewust doen, maar ik kan mijn persoonlijkheid niet blootgeven. In Spanje hebben ze geen flauw idee wie ik ben. Zo genuanceerd praten als nu gaat ook niet in het Spaans. Ze zijn best onder de indruk van mijn Spaans, maar ze weten niet half waarover ik nadenk. Het is best een eenzaam bestaan.'

En dan leeft zij nog samen met haar vriendin, medespeler bij Betis. Zelfs dan woekert de eenzaamheid soms. 'Omdat je buitenlander bent. Vraag aan de Zuid-Amerikanen bij Ajax hoe het openbaar vervoer precies werkt in Amsterdam, hoe de politiek in elkaar zit, hoe de taal is. Dat is lastig. Alles gaat over dat soort zaken. Ik ben niet echt eenzaam, maar ik mis soms het mezelf kunnen zijn. Hier bij de nationale ploeg maken we zo veel grapjes. Dat is echt leuk. Ik beweeg me in dit team zoals ik ben. In Spanje ben ik nog steeds een vreemdeling, al speel ik veel en is de relatie met mijn teamgenoten goed. Maar echte grapjes maken, dat mis ik gewoon.'

Ja, ze zou later best interviews willen maken over eenzaamheid van voetballers. Misschien is het voor mannen eenvoudiger. Zij verdienen meer. Zij nemen hun vriendin mee, hun moeder, neven of een nicht. De vriendinnen van voetballers in het buitenland, die moeten nog eenzamer zijn, is de suggestie van de verslaggever. 'Oh ja', zegt ze instemmend. Geld maakt veel goed. 'Maar het is niet makkelijk. Ik heb de beste situatie: ik speel in het team met mijn vriendin, ik speel alles en spreek een beetje Spaans. Allemaal top. De stad is fantastisch. Ik ben heel blij, maar ik mis het gewoon om een café in de Jordaan binnen te lopen en tegen de eerste de beste 'hé schat' te zeggen.'

Ze wil kinderen met haar vriendin. Ze zullen allebei dragen, maar haar vriendin vermoedelijk eerst, want die is ouder en dichter bij het einde van haar loopbaan als voetballer. Van Dongen vertelde een tijdje geleden in NRC openlijk over de liefde voor haar vriendin. Wat haar dreef om zo open te zijn over haar seksuele geaardheid? 'Ze vroegen ernaar. Ik ben eerlijk. Ik zeg dan niet: hé, NRC, ik zou heel graag vertellen over mijn geaardheid. Ik wil mensen ook niet geforceerd inspireren om uit de kast te komen. En ik zou mezelf ook niet willen zien als homoactivist. Maar ik vind het wel belangrijk om antwoord te geven als iemand mij dat vraagt, terwijl ik weet dat ik enigszins een voorbeeldfunctie heb. Dan weet ik dat mijn woorden iets teweeg kunnen brengen.'

In Spanje is het geen thema. Als zij hand in hand met haar vriendin over straat loopt, doet niemand moeilijk. Dat is sowieso een vrij gebruikelijk straatbeeld in Zuid-Spanje, vrouwen hand in hand. 'Ik zie zelfs veel mannen in Sevilla hand in hand lopen. Dat verbaast me. De stad is vrij gelovig en traditioneel. In Amsterdam heb ik toch het idee dat het weer spannender is geworden. Dat is een kwalijke zaak. Terwijl we normaal moeten omgaan met iedereen.'

Het verhaal wil dat er in het mannenvoetbal nauwelijks homoseksuelen zijn, althans, het is nauwelijks een gespreksthema. Terwijl voetballende vrouwen juist open zijn over hun geaardheid en het aantal lesbische spelers juist hoog is. 'Alles wat ik zeg is speculatie. Ik zou best aan een onderzoek van een universiteit willen meedoen.' Laat ook mannen zich uitspreken, is haar devies. 'Het is soms heel eng, maar clubs zijn altijd bang supporters te verliezen. Het draait uiteindelijk om geld. Dat is zo stom. Maar ik vind dat elke morele waarde veel hoger in het vaandel hoort te staan dan geld. Daarom zou het zo goed zijn als een mannelijke voetballer uit de kast kwam. Er zijn vast miljonairs onder de voetballers die homo zijn. Oké, dan verlies je een paar sponsors...' Ja, ze snapt de angst voor spreekkoren. 'Dat zou kunnen. Maar er moet er één de eerste zijn. En ik weet dat het moeilijk is. Ik ben nog nooit toegezongen met 'vieze homo' in een stadion met 50 duizend toeschouwers, haha. Maar de positieve reacties zullen ook heftig zijn.'

Ze snapt ook wel dat wanneer een bekende linker centrale verdediger bij de mannen zou onthullen homoseksueel te zijn, een breedgedragen en veelkleurige discussie zou starten. 'Maar dat is het uiterste geval. Daaronder zit een laag die weinig mensen kennen, van voetballers die niet uit de kast komen. Voetballers die zijn gestopt: ook niet. Het gaat niet alleen om toppers. Het gaat ook om homo's in zaterdag 3 die het moeilijk vinden om uit de kast te komen, om met elkaar te douchen. 'Haha, hij is homo'. De mannelijkheid in het voetbal houdt dat tegen. Terwijl, come on... Voetbal is echt voor iedereen.'

Een bond kan helpen bij het creëren van meer openheid, door standpunten te delen, te handelen en bescherming te bieden. Ook tegen racisme, bijvoorbeeld. 'Apengeluiden maken in een stadion, dat kan echt niet. Dat je tegen degene die links van je zit en zich misdraagt, zegt: hou eens op. Of met zijn allen van het veld af lopen, dat is het beste. Maar dan moet je wel een beetje stoer zijn. Dat is niet makkelijk. Het is nooit makkelijk om op te komen voor de minderheid, in welke situatie dan ook.'

Haar woorden zullen zwaarder wegen dan voorheen, toen ze onbekend was. 'We zijn niet meer anoniem. Dat is een groot compliment. We worden serieus genomen. Als iemand kritiek heeft op mij of op het team, denk ik: die heeft er wel met een serieus oog naar gekeken. Dat hoort erbij. We kunnen niet meer onopgemerkt elfde worden op de Algarve Cup, zoals dit jaar gebeurde. En de druk voor de WK-kwalificatie was ook heel hoog. Daarmee zijn we goed omgegaan, al plaatsten we ons pas na een zware omweg. We worden daarin beter, en we zijn gelukkig niet de allergrootste favoriet van het WK.'

De status van het elftal groeit en Merel van Dongen groeit mee, met haar belangrijke invalbeurten als bewijs. Ze mag dan vaak reserve zijn, ze staat er als ze invalt. Dat is belangrijk voor haar: meetellen. 'Voetballer zijn is mijn identiteit. Je bent geen professioneel voetballer door alleen te trainen. Die wedstrijd tegen Zwitserland gaf mij bijna mijn identiteit. Ik ben een oranje leeuwin. Het gaf betekenis aan al mijn trainingen. Het gevoel in de weken daarvoor was ook goed. Ik kwam dichterbij, en toen dat moment daar was, ging ik ervoor.'

Ze was niet geselecteerd bij het EK, dat door Nederland werd gewonnen. Door die teleurstelling heeft ze anders naar het leven leren kijken. 'Mijn leven draait niet meer alleen om het bereiken van doelen. Want als dat doel niet wordt gehaald, zou de rest niet meer tellen. Ik sta op en ga naar bed met het WK, maar ik ben ook heel erg aan het genieten.' Ze koestert de momenten die ze al beleefde, die ze nooit meer kwijt kan raken.

Het gemiste EK heeft haar gelouterd. 'Mensen groeien door belevenissen die niet leuk zijn in persoonlijke zin.' Ze keek niet eens naar de opmars van Oranje. 'Ik ben alleen naar de halve finale Nederland - Engeland geweest. Maar nee, het ging niet. Opeens zit je tussen de supporters. Weliswaar op de hoofdtribune, maar vier stoelen verder zaten meisjes te gillen. Na de wedstrijd stond ik in de file met al die supporters, terwijl ik op het veld had willen staan. Ik ging van speler om wie alle mensen zaten te gillen, naar zelf bijna een fan. Dat was echt moeilijk.'

Ze studeert psychologie. 'Maar je moet het zelf doen. Ik denk dat ik precies hetzelfde met tegenslag was omgegaan als ik niet had gestudeerd.' Ze deed voor het WK nog één vak van haar studie, organisatiepsychologie. Na het WK volgt de scriptie. Tijdens het WK doet ze niets.

Wat ze wil worden na het voetbal? 'Voetbalcoach.' Ze heeft diploma TC3. 'Het nadeel is dat je altijd in contracten van één, twee of drie jaar komt, en dan moet je hele gezin mee naar een ander land. Dat doe ik nu al als speler. Om dat dan met een gezin te doen, met twee of drie kinderen, is best pittig. Ik zie haken en ogen. Ik wil ook wel bij de Fifa werken, om het vrouwenvoetbal wereldwijd te ontwikkelen. Daar ligt mijn hart. Om meiden te inspireren om te voetballen. Het gaat goed hoor, als je kijkt naar de ontwikkeling ten opzichte van tien of twintig jaar geleden. We zijn fantastisch op weg. Alleen: we komen van heel ver. En we hebben ook nog heel ver te gaan.'

Van duisternis tot de schijnwerpers

10 juni 2019

Vlak voor het WK ontmoeten internationals uit 1973 en 2019 elkaar in Zeist. De reünie is een afspiegeling van totaal veranderde omstandigheden.

Eén anekdote vertelt het verhaal over de reis van het vrouwenvoetbal, van het bijna totale niets tot een behaaglijk plekje onder de mondiale schijnwerpers. Eén anekdote over Zeist, het centrum van het voetbal in Nederland, waar Johan Cruijff, Piet Keizer, Johan Neeskens en al die sterren van de vroege jaren zeventig zich voorbereidden op het glorieuze WK van 1974. Ze kwamen dan Bert Wouterse weleens tegen, destijds bondscoach van de nationale vrouwenploeg die af en toe een oefenwedstrijd speelde.

In Zeist, anno 2019, zegt Wouterse: 'Ik noem geen namen, maar de meesten vroegen zich af waarmee ik in hemelsnaam bezig was. Het was niet goed voor mijn loopbaan, trainer zijn van de vrouwenploeg. Stop daar toch mee, zeiden zelfs collega-trainers. Machogedrag was het. Ik antwoordde altijd: sodemieter toch op, ik maak zelf wel uit wat goed voor me is. Alleen Piet Keizer, dat was een fantastische jongen, die was altijd geïnteresseerd en hij steunde me. Maar de rest...'

Tijden zijn veranderd. Onlangs vierden de mannen en vrouwen van de nationale ploegen samen de open dag van de KNVB, voor duizenden enthousiastelingen. Ze gingen samen op de foto. Ze trainden met nagenoeg dezelfde faciliteiten, op velden naast elkaar. De mannen met het oog op de finaleronde van de Nations League, de vrouwen als inleiding op het WK in Frankrijk. De bond is voornemens de vergoedingen voor de seksen binnen een paar jaar gelijk te trekken en koketteert met de groeicijfers van het vrouwen- en meisjesvoetbal. Zonder die cijfers zou de KNVB geen plusjes meer noteren, want de afdeling mannen krimpt in menig jaar lichtjes.

Lees de artikelen van toen en Wouterse, in 1973 bondscoach bij de eerste officiële interland voor vrouwen, met 1-0 verloren in Engeland, had best een vooruitziende blik. Hij voorspelde een grote toekomst voor het vrouwenvoetbal, ondanks de totaal andere dynamiek en de fysieke verschillen tussen de seksen. 'Als de vrouwen maar dezelfde mogelijkheden krijgen als de mannen', merkte hij destijds op.

Zijn mening is onveranderd door de jaren heen. 'Vrouwenvoetbal is puurder. Dat komt mede doordat de financiële belangen in het topvoetbal voor mannen zo groot zijn. Ik kijk graag naar goed voetbal, maar tegenwoordig zet ik wedstrijden in bijvoorbeeld de Champions League na vijf minuten geregeld uit. Dan graaft de ene ploeg zich weer in. Flikker toch op, helemaal niets vind ik dat.'

De KNVB regelde onlangs een ontmoeting tussen de vrouwelijke internationals van toen, de zogenoemde eerste elf, en die van nu. Zij van het duel met Engeland, en zij die dinsdag 11 juni 2019, 46 jaar later, in Le Havre hun eerste wedstrijd op het WK spelen. Rechtstreeks op televisie te zien. Het was een gezellig samenzijn van anonymi van toen en vrouwen die steeds meer bekendheid verwerven, die sinds de Europese titel in 2017 betere contracten tekenen en van de ene buitenlandse club naar de andere verhuizen.

Ze gaan samen op de foto, bij deze reünie. Je zou kunnen zeggen: ze zijn veel te vroeg geboren voor succes en aandacht, de vrouwen van toen. Maar nee hoor, het is goed geweest zo. Toenmalig aanvoerder Jos Andeweg zou alleen al opzien tegen alle publiciteit tegenwoordig en al dat reizen. Laat haar maar lekker thuiszitten en tv kijken. En Hennie Schlimbach heeft gewoon heerlijk gevoetbald in haar jonge jaren. Het heeft ook geen zin om te filosoferen. Het is zoals het is. Manager vrouwenvoetbal Kirsten van de Ven van de KNVB: 'Ik hoop dat we deze vraag over tien jaar aan Lieke Martens stellen: ben je niet te vroeg geboren? Want dan weten we dat we de goede kant opgaan. We zijn met zijn allen deel van de geschiedenis, we moeten met zijn allen een duit in het zakje doen. Ik hoop dat meiden die nu 8 jaar zijn steeds groter mogen dromen.'

Ze leverden allemaal hun bijdrage: Wouterse, Schlimbach, Andeweg, Martens, Van de Sanden. Vleugelverdediger Hennie Schlimbach kwam uit Ter Apel en voetbalde in het gewest Drenthe. Ze kan zich niet herinneren dat ze als kind iets anders deed dan voetballen, al was het dan weleens lastig om haar plaats op te eisen. 'Als eerste meisje stond ik in het team van het schoolvoetbal. Als Hennie niet mag meedoen, doen wij ook niet mee, zeiden de jongens uit de ploeg. Denigrerende opmerkingen over mijn spel hoorde ik niet. Het interesseerde me niet. En ik ben mijn man op het voetbalveld tegengekomen. Hij was eerst keeper en later scheidsrechter.' Ze herinnert zich ook dat ze op Koninginnedag keek naar een wedstrijdje met vrouwen en dat ze een shirtje kreeg voor de tweede helft. 'Bij ons in het noorden was het vrij normaal om te voetballen.'

Jos Andeweg praat graag over haar eerste echte wedstrijd, een duel waarop veel publiek afkwam, eigenlijk vooral omdat het nogal een curieuze wedstrijd was. 'Dat was in mijn dorp Giessen in Noord-Brabant. Een wedstrijd tussen getrouwde vrouwen en ongetrouwde vrouwen, met opbrengst voor de bejaardenreis.' Het duel was een mooie mogelijkheid om eens in het openbaar te voetballen, want zo eenvoudig was dat niet. 'Als meisje mocht ik niet voetballen bij clubs. Alleen op straat. Mijn vader zei altijd: jij had echt een jongen moeten zijn.' Later kreeg ze drie kinderen. Ze voetbalde nog tot ze vier maanden zwanger was. 'Ik was heel verlegen. Mijn man zei altijd: zet haar op een voetbalveld, dan wil ze de baas spelen.'

Tegenwoordig zijn alle getalenteerde speelsters in kaart gebracht, net als de jongens. Het meisjesteam onder 15 jaar versloeg onlangs Duitsland. Tijden zijn totaal veranderd. Wouterse trok destijds geregeld het land in om spelers te zien en te ontdekken. 'Dan kreeg ik een tip van iemand die het wel zag zitten, vrouwenvoetbal. Kom eens kijken Bert, zeiden ze dan. Hier loopt een talent rond.'

Op zoek naar de flow van 2017

10 juni 2019

Eindelijk, na een schier eindeloze voorbereiding in het volle schijnsel van de aandacht, landt de nieuwe knuffelploeg van de Nederlandse sport in de harde realiteit van het WK.

Nooit eerder kreeg de nationale vrouwenploeg zo veel aandacht. Op tv. In kranten. In reclames. Alles was nieuws. Ja, de hand van linksachter Kika van Es is voldoende hersteld. De internationals zijn bekend geworden. Best welvarend. Ze hebben zaakwaarnemers. Rijd naar Le Havre in Frankrijk en passeer al die caravans met Nederlands kenteken, met oranje accenten. Zie de vaders/moeders met hun dochters door de stad banjeren, voor lieflijke ouder- en kindervaringen.

'Het is echt tijd om te beginnen', zei aanvoerder Sari van Veenendaal maandag. 'We staan te popelen', sprak bondscoach Sarina Wiegman. Le Havre zal dinsdag oranje kleuren, zoals dat gebruikelijk is bij landenvoetbal als Nederland in den vreemde voetbalt. De verwachting is dat stadion Océane voor het duel met Nieuw-Zeeland half is gevuld met ruim tienduizend toeschouwers, van wie de helft Nederlanders. En tegen Kameroen, zaterdagmiddag in Valenciennes, zal het stadion bijna volledig zijn gevuld met mensen in oranje. Dat is de weerslag van de bijna ongelooflijke ontwikkeling ten opzichte van pakweg tien jaar geleden, toen Nederland debuteerde op een eindtoernooi (EK Finland) voor plukjes familieleden en een vijftal journalisten, vooral medewerkers.

Tegenwoordig zijn Lieke Martens of Vivianne Miedema 'overboekt' op persdagen. De verwachtingen zijn omhooggeschoten. Is dat terecht? Mogelijk. Het is in elk geval best gevaarlijk. Wie op de eerste dagen van het WK Frankrijk of Engeland zag voetballen, weet dat het nogal overdreven is om Oranje meteen bij de favorieten te scharen. Met name Frankrijk oogt sterk, al was de tegenstand van Zuid-Korea erbarmelijk.

Anderzijds: op het gewonnen EK eindigde Nederland dus boven genoemde rivalen. Waarom zou de verhouding nu anders zijn? Bij de ploeg zeggen de speelsters bijna allemaal hetzelfde, alsof ze het zinnetje uit hun hoofd hebben geleerd. Dat succes best mogelijk is, maar dat alles zal moeten meezitten. Is Oranje beter dan op het EK? Het zal wel moeten, met ook toptegenstanders uit andere continenten als de Verenigde Staten en Japan als potentiële opponent.

Wiegman is overtuigd dat de ploeg beter is dan in 2017: 'De speelsters zijn verder ontwikkeld, als mens en als voetballer. Ze spelen in clubs op het hoogste niveau. Ze hebben in halve finales en finales van de Champions League meegedaan. Ze zijn verder in voetbal, al zullen ze nu ook andere typen tegenstanders tegenkomen. Andere formaties, andere culturen.'

Nederland speelt in nagenoeg dezelfde opstelling als in 2017, met gemiddeld vrij jonge speelsters. Tien van de elf uit de finale tegen Denemarken in Enschede zijn normaliter ook in Le Havre vermeld in de opstelling. Centraal achterin neemt Dominique Bloodworth de plaats in van de voor het eerste duel geschorste Anouk Dekker. Waarschijnlijk behoudt ze haar positie na het eerste duel. Kika van Es is beschikbaar, ondanks haar verpakte, gebroken hand. Anders is Merel van Dongen linksachter.

Het is wel een teken dat in twee jaar, wetende dat jaarlijks duizenden vrouwen op voetbal gaan, niemand zich in het elftal heeft weten te wurmen. Dat het gat tussen de besten en de rest blijkbaar groot is. De KNVB startte onlangs niet voor niets met de nationale ploeg onder 23, om juist de overstap te verkleinen. De toppers zijn vooralsnog onaantastbaar. Lieke Martens heeft zich ontpopt van een schuchtere jonge vrouw die vier jaar geleden het eerste Nederlandse doelpunt maakte op een WK, eveneens tegen Nieuw-Zeeland, tot een voetballende diva, al is ze wars van het gedrag dat bij zo'n type hoort. Ze is nog steeds een bescheiden vrouw, op zoek overigens naar haar topvorm. Het middenveld is in orde en in balans. De defensie blijft kwetsbaar, ook in opbouwende zin.

De ploeg kende ook haar problemen, min of meer geboren uit luxe. Lange gesprekken waren nodig na de groepsnederlaag tegen Noorwegen, waardoor het elftal zich via play-offs moest plaatsen voor het WK. De vrouwen zeiden elkaar de waarheid. Ze hielden elkaar voor dat ze alles moeten blijven geven, fysiek en mentaal. Het was bijna een probleem uit het mannenvoetbal, van de teamsport waar de een meer roem vergaart dan de ander, waar de een vaker in de krant staat dan de ander.

De vraag is vooral of de ploeg in de schitterende flow van het EK in 2017 kan geraken. Zo'n bijna onverklaarbaar gevoel dat het haast vanzelf gaat, als betrof het trance, waarbij het op een gegeven moment niet meer uitmaakt wie de tegenstander is.

Nederland won na de groepsfase betrekkelijk eenvoudig van de toplanden Zweden, Engeland en Denemarken, veelvuldig gebruikmakend van zogenoemd 'omschakelingsvoetbal'. Nederland speelt met zijn snelheid voorin graag op de tegenaanval. De VAR kan weleens een bondgenoot blijken te zijn van het elftal.

Hoe clichématig ook, de vrouwen hebben gelijk met hun mantra. Een succesvol WK is best mogelijk, mits alles goed valt.

Verlossing in de extra tijd

11 juni 2019

De bevrijdende overwinning bij de ouverture tegen Nieuw-Zeeland kan alleen leiden tot verbetering van het spel, denken de vrouwen van de nationale ploeg. Jill Roord voelt zich eindelijk belangrijk.

De Nederlandse lust tot aanvallen, hoe haperend het offensief ook verliep, loonde alsnog in Le Havre. Op het moment dat de 0-0 nabij was, viel de bal met een boog in de doelmond, waar Jill Roord Oranje bevrijdde tijdens de ouverture tegen Nieuw-Zeeland, op het WK voor vrouwen.

Aanvallend voetbal hoort bij Nederland, bij het oranje dat de tribunes kleurt bij toernooien. De trompet met het deuntje van aanvallen, beroemd sinds het gewonnen mannen-EK van 1988, blies in Stade Océane telkens lucht in het zo moeizaam, stroperig verlopende offensief. En toen, in de 92ste minuut, viel alsnog dat doelpunt, omdat Nederland zich niet verzoende met 0-0 en Nieuw-Zeeland het cadeau dat 0-0 was wenste te koesteren.

'Het is echt een opluchting. Voor het team, maar ook voor mezelf', sprak Jill Roord. Meestal kan ze zo doorlopen langs de pers, nu bleef ze gesprekjes aanknopen. 'Ik heb lang moeten wachten op zo'n moment in het Nederlands elftal.'

Roord, 22 jaar, was vroeger in Jong Oranje de aangever van spits Vivianne Miedema. Ze zoeken elkaar nog geregeld, ook bij de warming-up. Even een balletje trappen. Maar terwijl Miedema al bijna topschutter aller tijden van Oranje is, is Roord meestal reserve.

Ze ruilde haar rugnummer zelfs in voor het WK. Weg met 12, een soort symbool voor degene die net buiten de elf valt. Ze heeft nu 19. En ze scoorde, wat goed is voor haar zelfrespect. 'Ik ben ook wat waard, ik kan ook wat. We zijn met zijn 23en.' Ze had zelfs iets voelen aankomen, mede door opbeurende berichten uit haar omgeving. Mocht ze invallen, dan zou ze scoren.

Bij de mannen noemen ze dat een gouden pik van wisselen, als de invallers van de trainer het verschil maken. Bij de vrouwen maakt het Sarina Wiegman niet zoveel uit welk zelfstandig naamwoord zal volgen op 'gouden', om haar zet te beschrijven.

Feit is dat haar drie wissels optimaal rendeerden. De voorzet was van de linksbenige Merel van Dongen, ingevallen voor rechtsbenige Kika van Es, die zo'n voorzet nooit had kunnen geven. Wijd, richting tweede paal, vanaf links dus.

Daarop volgde het luchtduel tussen Lineth Beerensteyn, die Shanice van de Sanden afloste, en een verdediger. De bal daalde naar de doelmond, waar Jill Roord tegendraads inkopte. 'Dat was intuïtie', zei ze over haar plaatsbepaling. 'Ik hoopte dat de bal via de kluts terug zou komen.'

Het was mooi voor de ploeg en voor Roord. Zo vaak net geen basisspeler. En toen ze eindelijk in de basisploeg was opgesteld, in de beslissende WK-kwalificatiewedstrijd tegen Zwitserland, kreeg Anouk Dekker na een paar minuten de rode kaart. Wie werd toen gewisseld? Juist, Roord, die tranen liet.

Nu volgde dus genoegdoening. De zege is van cruciaal belang, met wedstrijden tegen Kameroen en Canada te spelen. Dankzij deze drie punten ligt de weg naar de achtste finales open, waarvoor niet alleen de nummers één en twee, doch ook de vier beste nummers drie van de zes poules zich plaatsen. De bevrijdende overwinning kan alleen voor verbetering van het spel zorgen, spraken de vrouwen in koor. Lieke Martens: 'Het was niet onze beste wedstrijd. Dat is duidelijk. Het tempo lag veel te laag. Zaterdag zal het beter gaan.'

Het spel was weinig opbeurend bij de aftrap van het tweede WK van Nederland, het eerste waarbij de voorbereiding werkelijk in de schijnwerpers plaatsvond, met een leger van media en tal van commerciële partijen met interesse. Het spel was traag. Angstig, slordig. Te veel achteruit. Nauwelijks goede passes op aanvallers.

Een haperende defensie, met rechtsachter Desiree van Lunteren als de beste speelster. Met een bijna fataal blunderende centrale verdediger Dominique Bloodworth. Een middenveld dat ver beneden zijn niveau bleef, met te weinig aansluiting, angst bij Sherida Spitse en het ontbreken van genialiteit bij Daniëlle van de Donk. Aanvallers die nauwelijks loskwamen van de defensief optredende tegenstander.

Dat Nieuw-Zeeland, dat op vijf WK's nog nooit een duel won, verdedigend zou optreden, was geen verrassing. Nederland is Europees kampioen en heeft veel snelheid en behendigheid voorin. De tegenstanders stellen zich daarop in, die hebben geen zin om vol aan te vallen en na twintig minuten met 3-0 achter te staan.

Nederland kan zo'n defensie op goede dagen kapot spelen, zoals Martens dat graag noemt, maar dan moet het tempo hoog liggen en dient de nauwkeurigheid in orde te zijn. Dat was niet zo. Het leek dus op 0-0 uit te draaien, totdat Roord scoorde, met de treffer die uit de lucht kwam vallen.

'Zij werd prof, de jongens amateur'

12 juni 2019

Het devies voor talentvolle meisjes is: zo lang mogelijk met de jongens voetballen. Maar wat vinden de jongens daar eigenlijk van? Drie jongens van toen, over internationals van nu.

Thomas Huijben over Jackie Groenen:

'We gingen met ons hele team uit Goirle naar Riel, inclusief drie meisjes. Bij Riel konden we ook meer trainen. Dat was bijzonder. We voetbalden daar nog jaren met de zusjes Groenen, Merel en Jackie. Hun vader Jack was onze trainer. Jackie kon het niveau makkelijk aan, al had ik toen niet durven voorspellen dat ze zou uitgroeien tot een internationale topper.

'Wij wisten niet beter dan dat we met meisjes voetbalden. Dat is zo gebleven van mijn zesde tot mijn twaalfde, dertiende. Jackie was een beweeglijk type, heel licht en redelijk technisch. Tegenstanders durfden er niet altijd hard in te gaan. En als ze dat wel deden, was zij ze vaak te vlug af. Toch kreeg ze geregeld schoppen als ze met een mooie schijnbeweging een tegenstander passeerde. Ze was ambitieus, ook met judo, en ze had doorzettingsvermogen.

'We speelden ook toernooitjes bij haar thuis, in een soort kooi die door haar vader was gemaakt. Bij haar was het voetbal, voetbal, voetbal en voetbal. Net als bij haar vader. Die was bloedfanatiek. Als wij wilden voetballen, stond hij voor ons klaar. Dag en nacht. Zelf heb ik de jeugd van Willem II gehaald, als verdediger. Ik heb een ongeluk gehad met een fitnessapparaat dat kantelde. Het viel op mijn hoofd. Een aantal maanden heb ik echt veel hoofdpijn gehad, en die keerde geregeld terug. Dat is heel bepalend geweest. Ik weet niet of het anders was gelukt om prof te worden. Ik speel nu bij de amateurs van Voab, terug in Goirle, en ik ben tevens belastingadviseur, in vermogensmanagement.'

Justin Hoogma over Jill Roord:

'We speelden met FC Twente weleens tegen Ajax. Jill was dan het enige meisje. Daar keken ze dan wel vreemd van op bij Ajax, want in hun hoogste jeugdelftallen zitten geen meisjes. Wacht maar af, zij is heel goed, zeiden wij dan. We zijn zo vaak samen kampioen geworden. Eerst bij Quick '20 uit Oldenzaal, vanaf dat we zeven jaar waren of zo, en later bij FC Twente. Bij Quick hadden we een uitstekend team. Veel van de spelers stapten over naar FC Twente. Jill was heel goed. Een van de beteren, inclusief de jongens. Tot 12, 13, 14 jaar kon ze makkelijk mee. Daarna werden de fysieke verschillen groter. Maar ik heb ook nog een jaar of drie, vier met haar gevoetbald bij de jongens van FC Twente. Zij is één jaar ouder dan ik.

'Zeker als je zeven of acht bent, ben je helemaal niet met verschillen bezig. Ze kon gewoon heel goed voetballen. Dat was genoeg. Het was geen issue dat ze een meisje was. En als je zo goed bent als meisje, is het beter om met jongens te voetballen. Die spelen vaak hoger. De meisjes kunnen zich dan optrekken aan dat betere niveau.

'Nee, ik heb niet meer zoveel contact met haar. Soms bellen we even met onze verjaardag. Ik speel zelf ook als prof, bij Hoffenheim. In het laatste halve seizoen ben ik verhuurd aan Sankt Pauli, maar ik hoop voor het nieuwe seizoen op een plaats in het eerste elftal van Hoffenheim. Dat zal ik zelf moeten afdwingen. Onze ouders hebben wel nog veel contact met elkaar. Onze vaders zijn oud-spelers (René Roord en Nico-Jan Hoogma) van onder meer FC Twente. René was onze trainer van toen. Het is hartstikke leuk dat Jill het zover heeft geschopt, dat het vrouwenvoetbal zich zo heeft ontwikkeld dat ook zij prof is kunnen worden.'

Jimmy Lucassen over Dominique Bloodworth:

'Dominique was het enige meisje in ons team bij Wittenhorst, in de E- en in de D-jeugd. Ze was een van de besten van ons allemaal. Fysiek sterk ook. Onze aanvoerder. Wij accepteerden dat van haar. Ze was gewoon goed, in haar spel, en ook in haar doen en laten. Ze was bepaald geen meisjesmeisje. Ik kon het heel goed met haar vinden. We zijn allebei voetbaldieren. Dominique deed alles voor het voetbal. Ze trainde voor zichzelf. Als de jongens op vrijdag of zaterdag spraken over het uitgaansleven, was zij daarvoor niet te porren. Ze ging honderd procent voor het voetbal. Het was haar droom. Terwijl vrouwenvoetbal nog lang niet zo groot was als het nu is.

'Dominique wilde altijd al prof worden, terwijl al die jongens al vroeg beseften dat ze amateur zouden blijven. Ze is nog even als derdejaars B-speler bij onze A-jeugd geweest, maar toen was ze niet meer zo dominant door de fysieke verschillen. De interesses liepen ook steeds meer uiteen. Zij trainde extra, aan haar rompstabiliteit bijvoorbeeld. Zij ging met bepaalde oefeningen duidelijker vooruit dan wij, omdat zij ook thuis oefende en wij niet. Zij kon iets dan het langst volhouden of het best uitvoeren. Ze was altijd bezig: met loopvermogen, startsnelheid, tweebenigheid. Met iemand anders of alleen. Zij is de enige die betaald voetbal speelt. Ikzelf ben trainer bij Borussia Mönchengladbach, van het jongenselftal onder 13 jaar. Zij speelt nu bij Oranje achterin, maar ze kan ook centraal op het middenveld uit de voeten. Ja, dat kan ze nog steeds. Ik denk zelfs dat het haar beste positie is.'

Dankzij voetbal op eigen benen

14 juni 2019

Vrouwenvoetbal is populair in Kameroen, de tweede tegenstander van Nederland op het WK. Ook al is er weinig geld, er is wel een voetbalschool alleen voor meisjes. Een deel van de opbrengst van dit boek is bestemd voor de Académie de football Enfant des Rails, eigendom van international Gaëlle Enganamouit.

Vera Pauw kan gepassioneerd vertellen over de rol van voetbal voor vrouwen in Afrika. Over de kansen op ontplooiing die het spel biedt, over groeiende saamhorigheid in de gemeenschap, over de weg naar meer welvaart. Vrouwen en meisjes krijgen volgens de voormalige bondscoach van Nederland en Zuid-Afrika kansen om zich te ontplooien, om de wereld te veroveren, om zich te ontworstelen aan armoede.

Met haar 'Tiny Frogs', zoals Pauw de nationale ploeg van Zuid-Afrika noemde, plaatste ze zich op sensationele wijze voor de Olympische Spelen van 2016 in Rio de Janeiro. Ze selecteerde vooral uit straatvoetballers met creativiteit, technisch vermogen en volharding. Voetbal is voor degenen met succes de opstap naar een vorm van welvaart, naar roem, een studiebeurs of een contract. Weg uit de sloppenwijk.

Zo gaat dat in Zuid-Afrika, Nigeria of Kameroen, de drie Afrikaanse deelnemers aan het WK in Frankrijk, allemaal met hun eigen specifieke achtergrond. 'Meisjes in Kameroen willen dolgraag voetballen', zegt de journalist Achille Köhler Chountsa Fongang vanuit Yaoundé, aan de telefoon.

'De populariteit is gegroeid na het vorige WK in Canada, nadat onze ploeg de achtste finales bereikte bij het debuut. De toeloop was groot. Onze beste speelsters zijn sterren met wie kinderen op de foto willen voor een selfie.' Chountsa is journalist bij de krant Le Jour in Yaoundé.

Kameroen en Nederland ontmoeten elkaar zaterdag in Valenciennes, met zeker 15 duizend Oranje-supporters op de tribunes, voor hun tweede groepsduel op het WK. Het is best een koddig gezicht, de speelsters zo langs elkaar te zien lopen in de reusachtige gangen van het hotel in de stad. Nieuwsgierig. Een beetje stoer ook. Onverstoorbaar. Een wedstrijdje buiten de lijnen. Oranje en groen. Leeuwinnen, zoals de Nederlanders dankzij straffe marketing zijn gaan heten, tegen Ontembare Leeuwinnen. Tja, dat zal een gevecht worden.

De twee ploegen logeren in hetzelfde, zeer luxueuze, door de Fifa aangewezen onderkomen in het centrum van de Noord-Franse stad Valenciennes. Internationals met totaal andere achtergronden, problemen en speelstijlen. Oranje met het doordachte, soms wat voorzichtige aanvalsspel. Kameroen met het speelse, toch ook krachtige, wat onvoorspelbare voetbal, met eveneens veel klasse in de aanval. De druk ligt bij Kameroen na de nederlaag tegen Canada. Nederland won van Nieuw-Zeeland.

Het vorige WK heeft Kameroen veel gebracht. De spectaculair voetballende international Gaëlle Enganamouit, licht geblesseerd momenteel, startte in januari dit jaar met een academie voor meisjes, die ze Académie de football Enfant des Rails noemde, omdat de treinrails langs het veldje lopen waar de meisjes voetballen. De bielzen van het spoor dienen als provisorische tribune in het gebied waar veel armoede is. Enganamouit is de ster van het land. Ze scoorde drie keer bij het WK in Canada, toen Kameroen met 6-0 van Ecuador won. Ze was Afrikaans voetballer van het jaar in 2015 en heeft alleen moeite om haar fitheid te bewaren. Ze zit vermoedelijk op de bank zaterdag.

Zij wil meisjes de kans geven een leven als voetballer op te bouwen, met perspectief en kans op een transfer naar Europa. Zo sprak ze zich ook uit bij de opening van de school. Wat voor Afrikaanse jongens al decennia geldt, is langzaam ook de droom van meisjes: met voetbal een bestaan opbouwen. Prestaties van de nationale ploeg kunnen dat proces versnellen. 'We verwachten in Kameroen dat we weer de tweede ronde halen, of misschien zelfs de kwartfinales', aldus Chountsa.

'We zijn bepaald geen favoriet tegen Nederland, de Europees kampioen. Nederland staat achtste op de wereldranglijst en wij 46ste. Maar voetbal speelt zich af op het veld, niet op een ranglijst. Alles is mogelijk.'

Of, zoals de legendarische spits van weleer Roger Milla stelt, nadat hij aan de telefoon heeft uitgelegd geen tijd te hebben voor uitgebreide analyses: 'Dat het beste team moge winnen. Wie het beste team is? Dat kan ik niet inschatten.'

Chountsa had dolgraag naar Frankrijk willen reizen om verslag te doen, maar armoede houdt hem thuis. 'Ik had me al geaccrediteerd, maar onze krant heeft geen geld om een vliegticket te kopen en hotels te boeken.' Die lijn kan hij zo doortrekken naar het voetbal. De competitie voor vrouwen in het land waar Clarence Seedorf bondscoach is bij de mannen ('geen idee', antwoordt Seedorf per app op de vraag wat hij van vrouwenvoetbal in Kameroen weet), werd afgelopen seizoen na vijf speelronden stopgezet.

'Financiële en organisatorische problemen', aldus Chountsa. 'Clubs zijn arm. Ze hebben geen geld voor salarissen en reizen. Maar meisjes willen voetballen. Ja, dat is ook zo in het noorden, waar veel moslims wonen. Zij mogen best voetballen in Kameroen. Voetbal is maar een spel.'

Qua prestaties kijken de landen in Afrika vooral naar Nigeria, dat al voor de achtste keer meedoet aan het WK, met de kwartfinale in 1999 als hoogtepunt. Vera Pauw: 'Er is een groot verschil tussen de West-Afrikaanse vrouwen en die uit zuidelijk Afrika, in lichaamsbouw vooral. We moesten ze dus anders ontwikkelen in Zuid-Afrika. Niet de kracht van Nigeria proberen te kopiëren, maar onze eigen specialiteiten uitwerken. Positiespel. Kameroen zit een beetje tussen Nigeria en Zuid-Afrika in. Gabrielle Onguéné is de beste. Vooral op de rechterflank is ze levensgevaarlijk.'

Door goede prestaties als voetballer te leveren, krijgen speelsters kans op een contract in Europa of Amerika. Chountsa somt op waar allemaal Ontembare Leeuwinnen voetballen. In Rusland, in Spanje, in Noorwegen, in tal van landen. Voor het grote publiek zijn ze redelijk onbekend. Zelfs voor ploeggenoten zijn ze geheimzinnig soms.

De Nederlandse middenvelder Sherida Spitse is bij Valerenga in Noorwegen ploeggenoot van Ajara Nchout Njoya, aanvaller en international. Spitse: 'Ze is zeer snel. Ze speelt voorin, van links naar rechts, veelvuldig rond het strafschopgebied. Nee, ze vertelt nooit veel over Kameroen. Ze is een prima, gezellige meid. Haar Engels is alleen gebrekkig. Diepe gesprekken kan ik niet met haar voeren.'

Het WK is voor Kameroen de ultieme drijfveer. Pauw: 'De clubs in Afrika hebben geen grote budgetten. Ze drijven op enthousiasme en de wil van de spelers. Als ze een contract in het buitenland verdienen, verandert hun bestaan en dat van de gemeenschap waarin ze leven. Dat is het mooie van de Afrikaanse cultuur. De rest heeft jou altijd gesteund, als jij dan ook maar een beetje geld verdient, doe je iets terug voor de gemeenschap. Door een stichting op te richten, door huizen te helpen bouwen. Het kleine beetje dat ze hebben, delen ze altijd. Daaraan kunnen veel Europeanen een voorbeeld nemen.'

'Ik ben pas 22. Op naar de 100 goals'

15 juni 2019

Vivianne Miedema oogt soms wat traag en lui, maar dat is verraderlijk. Ze scoort twee keer tegen Kameroen en is op 22-jarige leeftijd al topschutter aller tijden van Oranje, met zestig doelpunten.

Vanaf het moment dat ze haar toen nog onbekende naam doch snel groeiende faam meenam naar Oranje, als 17-jarig meisje, was duidelijk dat Vivianne Miedema uit Hoogeveen eens topscorer van het Nederlands elftal zou zijn. Afdeling vrouwen. Mits ze gezond bleef.

Ze is fit. Het lukte haar in 77 interlands zestig keer te scoren, tussen 26 oktober 2013 en 15 juni 2019. Eén doelpunt meer dan Manon Melis, die 136 interlands nodig had voor 59 treffers. Miedema (22) is dus blij, zaterdag. Opgelucht, op een zonnige middag, als bijna vijftienduizend Nederlanders naar Valenciennes zijn gereisd om haar te zien scoren tegen Kameroen.

Ploeggenoten en bondscoach prijzen haar om haar klasse en

record. Ze oogt intens gelukkig na afloop, de voetballer van het jaar in Engeland, bij Arsenal. 'Ik heb die druk nooit zo gevoeld, tot de afgelopen maanden. Toen zat ik er dicht tegenaan en dan vindt iedereen er wat van. Ik ben blij dat ik op mooie, jonge leeftijd het record in handen heb. Ik zei net tegen Sarina (Wiegman, de coach): ik ben 22, ik kan nog wel tien jaar mee. Op naar de honderd.'

In het vrouwenvoetbal bestaan topschutters met fenomenale aantallen doelpunten. De gestopte Abby Wambach uit de Verenigde Staten staat op 184 doelpunten in het nationale shirt. Christine Sinclair uit Canada, donderdag in Reims tegenstander in de laatste groepswedstrijd, volgt met 181. Deze supertopschutters scoorden ook vaak tegen mindere tegenstanders en speelden tussen 250 en 300 interlands.

Miedema heeft ook veelvuldig gescoord tegen kleinere landen, maar ze is ook de vrouw van belangrijke goals, zoals in de drietrapsraket kwartfinale, halve finale en finale van het EK in 2017. Ze is speciaal. Een beetje chagrijnig soms. Openhartig. Ze oogt wat traag en lui, maar ze heeft een snel schot. Ze kan passeren, anticiperen, met links en met rechts schieten en koppen, zoals bleek bij de doelpunten.

Op het WK in Canada had ze een voetblessure en migraine. Op het EK in Nederland smoorde ze de aanzwellende kritiek toen ze in de tweede fase telkens scoorde. Nu is ze al trefzeker in de tweede wedstrijd.

Op haar 17de, bij haar eerste interview met de Volkskrant, verklaarde ze haar talent op de eenvoudigst mogelijke wijze:

'Door elke keer op de juiste plek te zijn.' Ze bleek een voetbaldier, uit een familie van voetbalverslaafden, met een broertje bij PEC Zwolle. 'Als de televisie bij ons uitgaat, is het beeldscherm nog steeds groen.'

Later, in december 2014, volgde een fascinerende ontmoeting met de toenmalige vedette bij de mannen van haar club van toen, Bayern München. Arjen Robben was geïnteresseerd en bood aan haar een stuk weg te brengen, want ze was geblesseerd. Robben vond het vreemd dat ze met het openbaar vervoer was gekomen. Nou, ze had haar auto uitgeleend aan een vriendin. Het verschil tussen de werelden had niet duidelijker kunnen zijn.

Ze is nu een grootheid in haar eigen wereld. Ze is een idool voor meisjes. Over haar zijn boeken geschreven. Leerboeken met trucs. Wie mag straks haar biografie schrijven? Kinderen dragen shirtjes met haar naam. Zijzelf zat nog met 'Van Persie' op de bank, bij het WK van 2010. Er is een foto van de zeer jonge Miedema met Van Persie. Topschutter bij de mannen met 50 doelpunten, in 102 interlands. En nu is zij het bij de vrouwen, met 60.

Ze prijst haar teamgenoten: 'Ik heb een beetje druk nodig. Ik houd ervan om in een vol stadion te voetballen. Ik kan ook beter met druk omgaan dan vier jaar geleden. We hebben een team met veel speelsters die het verschil kunnen maken. Het is niet eerlijk om te zeggen: Miedema moet het alleen doen. Als ik een keer niet opsta, weet je dat er andere meiden zijn die kunnen opstaan.'

Ze weet nog alle doelpunten, hoe ze gingen. Zaterdag was de 1-0 prachtig. Eerst de eentwee met Jackie Groenen en Shanice van de Sanden. 'Deze bal kwam goed voor. Ik was redelijk lenig bij de kopbal. Ik wist dat ik er naartoe moest springen. Er zat veel snelheid aan die bal, dan is het fijn dat hij gewoon het doel invliegt.

De tweede was een typische Viv-goal. Die beweging en dan afmaken in de korte hoek. Dat is een van mijn kwaliteiten.' Dreigen naar binnen, rechtdoor schieten.

'Ik ben blij dat het record nu op mijn naam staat. Van de week heb ik er nog over gesproken met Manon Melis. Ze zei: 'Schiet er bij de eerste wedstrijd maar twee in, dan is het klaar.' Uiteindelijk gebeurde dat pas vandaag. Met mijn broertje had ik al heel lang geleden afgesproken, als-ie ooit een keer komt, doe ik een koprol. Speciaal voor jullie dus allemaal: een koprol. Zeg ervan wat je ervan wil zeggen. Het ging om het idee. De overwinning telt, maar hier moet je als speelster toch van genieten.'

Sari is tevreden met Sari

18 juni 2019

Keeper van Oranje Sari van Veenendaal is ambitieus, maar vindt het geen probleem als de glorie afstraalt op Lieke Martens of Vivianne Miedema. 'Ik ben teamplayer in hart en nieren.'

Bij haar clubs wil ze tegengoals al terugzien voordat ze het stadion heeft verlaten. Kwestie van analyseren en afsluiten. Dus vroeg international Sari van Veenendaal in de rust of ze de treffer van Kameroen kon bekijken. 'Mij werd gezegd: dat kan niet.'

Het beleid bij Oranje is blijkbaar anders dan bij haar club. Dus zag ze het doelpunt zaterdag in de bus, die nog stond geparkeerd onder het stadion. De doelvrouw zag het tegeneffect na de pass vanaf het middenveld, waarna Onguené de bal langs haar kopte en inschoot. Haar fout. 'Er zijn geen excuses. Als die bal daar komt, moet ik hem beter inschatten. Punt.'

Sari van Veenendaal (29) uit Nieuwegein praat snel en behendig. 'Het was niet superleuk om naar onze wedstrijden te kijken', zegt ze over het WK in Frankrijk tot nog toe. 'Wij zijn kritisch naar onszelf. Maar het is best een knappe prestatie dat we na twee wedstrijden op een WK met zes punten staan.'

Ze hoopt op verbetering, in Reims tegen Canada, met de groepswinst als inzet. Al wil ze verwachtingen temperen. 'We hebben op het gewonnen EK in 2017 iets onmogelijks bereikt. We hebben ons ontwikkeld, maar we zijn geen wereldtop. We staan geen 1, 2 of 3.'

Nederland is achtste op de ranglijst. 'Alles laten lukken, is het moeilijkste dat er is. Het gaat om winnen, al willen wij ook een lach op de gezichten brengen van meisjes, supporters en media.'

Ze nam de aanvoerdersband over van recordinternational Spitse, vooral om haar dominante rol buiten het veld. Van Veenendaal is een teamspeler. Ze inspireert, praat en drinkt veel kopjes koffie met collega's. Zie haar met haar 1,80 meter gebogen staan in de kring met de selectie, inclusief staf, voor de aftrap. Hoofden gebogen. Ze klapt. De doffe dreunen van haar handschoenen zijn te horen op de tribunes. Ze roept laatste aanmoedigingen.

'Ik ben teamplayer in hart en nieren. Altijd geweest. Ik hoef zelf geen credits te krijgen. Wel als team, niet voor mezelf. Ik wil de rol spelen zoals ik ben. Ballen tegenhouden. Verder probeer ik motivatie mee te geven. Bij deze groep zit die motivatie heel diep van binnen.

'Als teamspeler ben ik opgevoed, met hoge normen en waarden. Naar mezelf en mijn omgeving. Wees goed voor anderen, dan hoop je dat anderen goed zijn voor jou. Ik moet een goede rol spelen in dat grote geheel. Mijn ouders hebben me normen en waarden meegegeven, discipline bijgebracht.

'Wilde ik voetballen? Prima. Maar school moest ook afgerond. Geen concessies. Ik ben niet opgegroeid in een topsportgezin, maar als kind. Buiten spelen, laat in het voetbal rollen. Mijn jeugd heb ik helemaal vrij beleefd. De topsportwereld kwam er later bij en dat paste goed.'

Bij het vorige WK, in Edmonton tegen China, verving ze de geblesseerde Loes Geurts en zag ze haar toekomst opeens helder. 'Tot die tijd was mijn doelstelling de beste Sari te worden die ik kon zijn. Daar kwam een doel bij: in het Nederlands elftal spelen, want dat is mooi en bijzonder. Ik wilde eerst ook niet naar het buitenland, want dat was eng. Ver weg. Ik ging toch naar Arsenal om mezelf te ontwikkelen, om de beste Sari nog beter te maken.'

Nu wil ze weer naar een andere club, omdat Arsenal van de doelvrouw een grote rol verwacht in de opbouw. Zo'n keeper is ze niet. Ze houdt gewoon ballen tegen en geniet van strijd in het strafschopgebied. Ze hoeft geen duizend complimenten te krijgen na een wedstrijd. Het is haar werk. Als alle ballen over en naast gaan, ook prima.

Het gewonnen EK heeft veel veranderd in de groepsdynamiek. De ene speler vierde nieuwe rijkdom, de ander bleef met een marginaal contract zitten.

'We praten daarover, maar hebben het redelijk kunnen tackelen. Ik ben heel blij dat Lieke (Martens) naar buiten toe zo'n goede speelster is, want het uiteindelijke doel is om meisjes te inspireren en de sport groter te maken. Hoe mooi is het dan dat de media het oppakken en daarvoor Lieke gebruiken. Dat kinderen op straat Shanice van de Sanden willen zijn, Vivianne Miedema of Jill Roord.'

Sari is gewoon tevreden met Sari. De kleine Sari wilde keeper worden bij FC Utrecht, waar ze aan de hand van haar vader ging kijken. Op straat was ze extreem fanatiek. In alles. Ze deed tal van sporten. Op haar 11de ging ze bij een voetbalclub. Ze verloor een toernooi.

'Ik kan niet tegen verlies, maar kan er ook niet tegen om anderen de schuld te geven. Toen dacht ik: in het doel kan ik niemand de schuld geven als de bal erin ligt. Die motivatie heb ik altijd vastgehouden, terwijl ik inmiddels weet dat ook keepers fouten maken en dat onmogelijke ballen in het doel vliegen. Maar ik wil de touwtjes in handen hebben.'

En ze wil dus de tegengoals zien, voordat ze het stadion verlaat. 'Dan kan ik het afsluiten. Wat ik nog beter kan leren? Dat niet alles is zoals kleine Sari vroeger dacht. Dat zij wel even de wereld kon redden in de goal. Dat is niet zo.'

Storm in de bubbel

19 juni 2019

Vrouwenvoetbal krijgt meer historisch perspectief. Ook de Nederlandse internationals op het WK gaan door de centrifuge van de meningenfabriek.

Vroeger was het simpel: vrouwenvoetbal negeren of afkraken was de veilige weg. Zonde van het gras, stelden critici. Met het verglijden van de tijd verandert het perspectief, het referentiekader. Ze kunnen beter bij het WK in Frankrijk. Ze zijn niet zo goed als twee jaar geleden bij het EK. Wisselen, bondscoach!

Praatprogramma's met oud-internationals analyseren vrouwenvoetbal. Campagnes vullen reclametijd. Zaakwaarnemers zijn neergestreken in speelstad Reims. Mannen dragen shirts met vrouwennamen. Het is de volgende stap in volwassenwording, de schuifeldans richting de vloer van discussie bij de koffiemachine op kantoor. Het vrouwenvoetbal ontwikkelt zijn eigen cultuur.

Uit de anonimiteit treden was het doel, maar het leven in de schijnwerpers is soms zwaar en verwarrend. Middenvelder

Daniëlle van de Donk, gewisseld tegen Kameroen omdat ze haar spel niet vond: 'Het is leuk, al die aandacht. Maar ik vind de media echt heel, heel hard. Ze mogen kritisch zijn en rechtdoorzee. Maar het is meteen: die moet eruit, die moet erin. Daaraan moeten wij wennen.' Al zegt Sherida Spitse, over het circus van meningen: 'Ik heb er schijt aan.'

Het is de donkere wolk aan het firmament van het zonnige verhaal. Van de Donk: 'We leven een beetje in een sprookje, met volle stadions. Tegen Kameroen was alles oranje. Ik kon mezelf niet horen tijdens het Wilhelmus. Geweldig, maar het is ook gek. Wie had dat ooit gedacht?'

Het perspectief verandert. In Reims spreekt dribbelaar Lieke Martens in de aanloop naar het duel met Canada, dat alleen bepalend is voor de groepswinst. Nederland heeft aan een gelijkspel genoeg. 'We hebben in één keer heel veel bondscoaches. Het is een nieuwe stap. Daarvoor hebben we gestreden. Dat heeft deze generatie losgemaakt. Daarbij hoort de kanttekening dat er meer negatieve berichten loskomen. Daarmee moeten we omgaan. Het komt dichter bij het mannenvoetbal.' Bondscoach Sarina Wiegman: 'We liggen onder een enorm vergrootglas.'

Het besef daalt in dat vrouwen- en mannenvoetbal aparte takken van dezelfde sport zijn, met beoordelingen in de eigen bubbel. Ook in de vrouwenbubbel kan de storm opsteken. Oud-international Pierre van Hooijdonk vergelijkt het Nederlands elftal met een tafelvoetbalspel. Statische linies, alsof ze vastzitten aan stokken, zonder dynamiek.

Analytici vinden dat Wiegman de opstelling moet veranderen tegen Canada, nu het alleen gaat om groepswinst. Dan heeft ze straks in de achtste finales misschien haar elftal beter staan. Jill Roord hoort toch in de basis? Ook Van de Donk geeft toe dat Roord een plek bij de eerste elf verdient, al weet ze dan niet precies op welke positie. Is Spitse niet te traag? Merel van Dongen is toch beter dan Kika van Es? Het volk wil steeds meer antwoorden.

Het gaat over de minder flitsende dribbels van Martens en de vormloosheid van Van de Donk. Het gewonnen EK heeft de contouren van een nieuwe wereld geschetst. Tien jaar geleden, bij het debuut van Oranje op een toernooi, verdedigde bondscoach Vera Pauw een achterstand van 2-1 tegen het betere Finland, om het doelsaldo niet te verpesten. KNVB-bonzen, op bezoek in Helsinki, verslikten zich van woede bijna in hun versnapering. Dit spel was Oranje onwaardig. Elk perspectief ontbrak.

Van de Donk sprak een uur met de bondscoach en voelt dat verbetering aanstaande is. Terug naar de basis. 'Ik ben de verbindingsspeler op het middenveld, bij wie de bal veilig is. Vandaar mag ik het creatieve brein zijn.' Ze sprak met haar familie af dat ze niet alles hoeft te lezen en horen. Martens laat kritiek ogenschijnlijk simpel van zich afglijden. 'Het doet niet zo veel met me. Ik kijk in de spiegel en weet dat ik alles geef. Ik ben oké met mezelf.'

Haar leven is totaal veranderd, van een relatief onbekende sporter tot een dribbelende diva die op gala's verschijnt. 'Voor het eerst hebben we echt te dealen met verwachtingen.' Ze wil graag de twee overwinningen benadrukken. 'Het zijn toch gewoon goede uitslagen?' Want dat is nog een referentiekader in de nieuwe wereld: winnen en goed voetballen, het dogma van het Nederlandse voetbal. Alsof ze Mark van Bommel is, tijdens het WK van 2010, zegt ze: 'Wat heb ik eraan om met mooi voetbal uit het toernooi te vliegen?'

Martens beschermt zichzelf in het woelige medialandschap: 'Dat ik beter kan, is duidelijk. Er wordt heel veel van mij verwacht. Ik ben niet door de ondergrens gegaan.' Het is best zwaar voor haar, het leven in de top. 'Er is genoeg op me afgekomen. Er is meer dan voetbal. Voetbal in combinatie met privé. Het is niet altijd even makkelijk om in je eentje te zijn ergens. Daarover lieg ik niet. Ik ben al elf jaar weg van huis, maar ik heb nog steeds heimwee. Iedereen is graag omringd door de mensen van wie je houdt. Maar mijn loopbaan is nu op zijn mooiste punt, dus ik ga nooit opgeven.'

Gezocht: vlagen van pure klasse

20 juni 2019

En weer wint Nederland, voor de derde keer op rij. Tegenover schraal spel staan vechtlust en veelzijdigheid.

Het is soms schrapen met Oranje, maar in de heldere, mooie momenten gloort de potentie van een ploeg die zich probeert te verheffen van Europees kampioen tot wereldtop. Nederland voetbalt in de achtste finales van het WK tegen Japan, als beoogde tussenstap naar eeuwige roem.

Niet zo heel goed gespeeld nog, maar wel: drie keer gevoetbald, drie keer gewonnen, nu van Canada (2-1). Geknokt. Elkaar geholpen. Gejuicht met het publiek. Het is alleen de vraag of de ploeg genoeg oprispingen van pure kwaliteit in zich bergt om werkelijk ver te geraken in Frankrijk. Over de hele linie blijft het spel in technisch opzicht te mager: weinig kansen, te veel balverlies, rare acties en de flankspelers Lieke Martens en Shanice van de Sanden missen topvorm. Maar op WK's zijn wel vreemdere dingen gebeurd.

Tegenover die minpunten staan vechtlust, veelzijdigheid

en heerlijke momenten van opborrelende, individuele klasse. Nederland won dus voor het eerst in de geschiedenis van Canada, vijfde op de wereldranglijst, en eindigde door de 2-1 in Reims als eerste in groep E. Dinsdag in de achtste finales is Japan de tegenstander in Rennes, een vaardige combinatieploeg, wereldkampioen van 2011 en finalist in 2015, doch met veel nieuwe speelsters.

Bondscoach Sarina Wiegman heeft een gouden hand van wisselen: Lineth Beerensteyn en Jill Roord, beslissend in de openingswedstrijd tegen Nieuw-Zeeland, vielen opnieuw in, nu voor Lieke Martens en Sherida Spitse. Beerensteyn, een pittige, krachtige dribbelaar, was nauwelijks in het veld toen ze vol flair aan het pingelen sloeg en de bal met overzicht passte op Miedema. Op het eind van de soepele aanval in de na rust aantrekkelijke wedstrijd gaf Desiree van Lunteren de lage voorzet en was Beerensteyn alweer in het centrum om af te ronden.

Daarmee klopt de 22-jarige Beerensteyn, die in de play-off al drie van de vier doelpunten maakte tegen Denemarken toen Miedema niet fit was, nadrukkelijk op de deur. Zij verving Martens halverwege de tweede helft.

Het WK is een avontuur, zo verschillend van het gewonnen EK. Kijk alleen naar de tegenstanders: Nieuw-Zeeland, Kameroen, Canada, en nu Japan. Het is waarlijk een spel met de globe en, het meest bizar, op Kameroen na dezelfde tegenstanders als in 2015 in Canada, toen Japan in de achtste finales won van Nederland met 2-1. Het Japan van toen was de regerend wereldkampioen, het Nederland van nu is de regerend Europees kampioen.

Hoop geeft dat Oranje uit het totale niets tot iets kan komen, alsof in de duisternis opeens een licht aanfloept. In fasen dat weinig lukt, als de wedstrijd vastzit in tactische korsetten, met ploegen die wachten wat te gebeuren staat, kan het hart opeens opbloeien met iets onverwachts. Dan draait topspits Vivianne Miedema op geniale wijze weg van Zadorsky en haalt ze uit voor een schuiver op de paal. Of dan hangt Daniëlle van de Donk stijlvol in de lucht voor een formidabele omhaal, die net op het net valt in plaats van erin.

Nederland, aangemoedigd door minimaal zesduizend supporters, opende de score kort na rust. Centrale verdediger Anouk Dekker kopte een vrije trap van Spitse keurig in, met behulp van de schouder overigens. Ze won het duel van de sterke Buchanan. Een paar minuten later was het 1-1 na een zeker zo mooi doelpunt, de ziedende knal met links van het Canadese fenomeen Christine Sinclair, 36 en toe aan haar 182ste treffer als international. Ook met 1-1 had Nederland genoeg voor de eerste plaats, vanwege het betere doelsaldo. De treffer van Beerensteyn schonk Oranje zowaar de bejubelde zege.

Nederland, tijdens het EK zo stijlvol, is nochtans een wat vreemd elftal. Sterspeler Lieke Martens mist haar frisheid en het aantal dribbels blijft achter bij de verwachting. Het zat haar ook niet mee, tegen de felle back Lawrence. De wereld let op Martens, daartegen moet ze zich wapenen. De defensie van Canada is van graniet, van snelle, atletische spelers die niet onder de indruk waren van de aanvalskracht in Oranje.

Na een kolderiek moment met de VAR na één minuut, waardoor een strafschop voor Canada werd geannuleerd en vervangen door een vrije trap, volgde een periode van saaiheid. Ook vrouwenvoetbal ontwikkelt zich in tactische zin. Het wat naïeve spel van vroeger, met ploegen die elkaar veel ruimte laten, verdwijnt. In de plaats daarvan komt het compacte spel van het mannenvoetbal, met zo weinig ruimte dat het moeilijk combineren is en technische onvolkomenheden opvallen. Toen het veld weer groot werd, ontbrandde de wedstrijd. Met Nederland als verdiende winnaar.

Advies van Anouk Hoogendijk: droom groot

21 juni 2019

Anouk Hoogendijk was tien jaar geleden het gezicht van het vrouwenvoetbal, toen dat nog nauwelijks serieus werd genomen. 'Vroeger moest je het altijd verdedigen.'

Lalalala, schalt uit de boxen op de oranje bus, als ruim vijfduizend Nederlanders in zingende colonne op weg zijn naar Nederland - Canada in Reims. Anouk Hoogendijk maakt zich los van de groep voor een gesprek in het park bij het stadion. Boomstronken als stoelen. Oranje overal. Het gezicht van het vrouwenvoetbal van tien jaar geleden kijkt naar het uiterlijk van het spel van nu en naar binnen bij zichzelf.

In een leven vol plezier en genot haalt de oud-international een achterstand in op generatiegenoten. 'Zaken zijn in de wacht gezet. Een jaar reizen. Niet te oud kinderen krijgen. Pensioenopbouw.' Met haar vriend heeft ze een huis gekocht. Dat is weer een stap.

Hoogendijk (34) speelde 103 interlands als middenvelder.

Ze was niet de beste en niet de meest technische voetballer, maar mede door haar aantrekkelijke uiterlijk was ze het visitekaartje avant la lettre van een ploeg in de schaduw van de Nederlandse topsport.

Ze was de stofzuiger met de looks. Haar beslissende penalty tegen Frankrijk in de kwartfinales van het EK in 2009 is al tientallen malen op tv uitgezonden, als keerpunt in de tijd. Mannen maakten destijds volop grappen over vrouwenvoetbal. Ja, als Hoogendijk meedeed, wilden ze wel even kijken.

Maar zie, anno 2019 is Oranje groot, ook bij de vrouwen. Achtste finalist op het WK in Frankrijk. Het voetbal wordt op waarde en kwaliteit beoordeeld. Inwoners van Reims hangen uit de ramen om die gekke Nederlanders in hun oranje kloffie te aanschouwen. Ze is met ING mee om vrouwen met topbanen bij te praten over tactiek en opstelling. '80 procent van de tijd, misschien zelfs meer, voel ik me ontzettend gelukkig en bevoorrecht. Maar af en toe denk ik: ja, mijn sociale leven is erbij ingeschoten. Dat kun je niet inhalen in een jaar. Het is ook een beetje eenzaam. Ik ontmoet zoveel mensen, maar het is even hier en even daar.'

Dat ze voorheen vooral naar haar keken, was soms moeilijk. 'Topsport was geweldig, maar ik ben echt een teamspeler. Ik houd van harmonie, van verbinding. Ik wil dat iedereen gelukkig is. Het was best lastig om die vooraanstaande positie te krijgen. Ik koos er niet altijd voor, maar wilde wel mijn bijdrage leveren aan de groei van het vrouwenvoetbal.'

De mannenwereld wilde de aantrekkelijke Hoogendijk op

de covers. 'Vera Pauw (de bondscoach van toen) zei altijd: we moeten boegbeelden kiezen. We hebben aandacht nodig. Op de juiste manier. Dus maakte ik toen bewuste keuzes. Ik sloeg FHM (een mannenblad) altijd over, of bepaalde reportages in Panorama, en deed alleen dingen die bij het imago van ons team pasten. Terwijl ik het ook leuk vond. Het gaf nieuwe kansen.

'Maar in een team was het lastig, ook omdat ik niet de spits was die altijd scoorde. Omdat ik steeds in beeld was, verwachtten mensen dat ik Messi was. Dat viel dan dus altijd tegen. Dus hoorde ik vaak: oh, ja, die Hoogendijk. Is dat het? Ik was de stofzuiger. Ballen oprapen en inleveren. Zelfs die penalty was niet de bedoeling. Ik was de zevende nemer.'

Op haar wangen is de Nederlandse vlag geschilderd. Het is een goede vraag, over wat ze doet, met een lastig antwoord. Van alles dus. Genieten. Analyseren voor tv. Presenteren. Ze maakt filmpjes voor gehandicaptenvoetbal en meidenvoetbal. Ze is ambassadeur van Ajax. Ze reist voor World Coaches, het wereldwijde opleidingsprogramma van de KNVB.

Voor World Coaches was ze een week in Indonesië. 'Als rolmodel voor vrouwen probeer ik dan uit te leggen wat hun kansen zijn. Hoe ze uit hun schulp kunnen kruipen, hoe ze zich kunnen presenteren. Dat ze doelen mogen stellen.'

Ze doet een dialoog na: 'Dan vraag je aan een meisje: wat wil je later worden? Trainster. Van het Indonesische team? Nee, dat is veel te moeilijk. Maar meisje, je bent 14! Droom groot. Als het niet lukt, zie je dat later wel. Als kind mag je dromen hebben. Ik wilde ook tussen de mannen van Ajax voetballen.' Uiteindelijk voetbalde ze bij de vrouwen van Ajax.

Zo is ze wat rusteloos, maar telkens vol nieuwe energie en voldoening. 'Ik had me voorgenomen na het stoppen één of twee jaar alles te proberen. Dat wordt misschien drie jaar. Op het einde van mijn loopbaan voelde ik erg de drang om iets anders te doen, met het gevoel dat ik achterliep. Vriendinnen die niet voetbalden, hadden al kinderen en maatschappelijk carrière gemaakt.

'En ik reisde met voetbal de wereld over en zag veel velden. Maar ik wilde me ook op andere vlakken ontwikkelen. Ik ben dus volop aan het inhalen en daarvan geniet ik. Die vriendinnen van mij hebben allang uitgevonden wat hun passie en richting is.'

Ze verkent haar grenzen, onder meer door sexy foto's op Instagram te plaatsen. 'Doodeng', vond ze dat eerst. Ze zei altijd nee. Het moest draaien om voetbal. 'Nu dacht ik, als ik het nog een keer wil doen, moet het nu.' Schaterlachend: 'Ook qua leeftijd.'

Ze mocht stijl, fotograaf en sfeer bepalen. 'Het was een overwinning op mezelf. Het is altijd spannend wat de buitenwereld vindt. Ik weet dat ik me daarvan niets moet aantrekken, maar dat gebeurt toch. Dit was een test en ik was best trots op mezelf.'

Voetbal mist ze alleen als ze eens een wedstrijd speelt bij een speciale gelegenheid. 'Ik ben blij dat ik niet meer elke dag van de week hoef te trainen. Dat heb ik zo lang gedaan.'

Elke sport was leuk vroeger. In feite is dat nog zo, met werkzaamheden buiten het veld. 'Het liefst zou ik een talkshow met verstandelijk beperkte mensen maken. Voor de jaarlijkse g-voetbaldag van de KNVB kom ik terug van vakantie. Dat is de leukste dag van het jaar.

'Het spreekt me aan en blijkbaar is dat gevoel wederzijds. Juist in die doelgroep zitten mijn grootste fans. Ze maken schilderijen voor me, zijn puur en oprecht. Ze zijn zo anders dan wij, met onze bedachtzaamheid en ijdelheid.' Ze is ook docent lichamelijke opvoeding, met specialisatie speciaal onderwijs. 'En dat ligt het verst af van topsport.'

Hoogendijk is blij met de ontwikkeling van het vrouwenvoetbal, qua aandacht, contracten en salarissen. 'In elk interview maakte ik me daarvoor hard, maar altijd dacht ik: zo'n vaart zal het niet lopen. Door het gewonnen EK van 2017 is het allemaal gebeurd.

'Ze vragen vaak: vind je het niet jammer dat je net gestopt was voor dat EK? Nee. Het was goed zo. Ik ben trots op mijn loopbaan en blij dat het vrouwenvoetbal erkenning krijgt. Vroeger moest je het altijd verdedigen, totdat je dacht: nou, hier heb ik helemaal geen zin in. Nu zien mensen het op tv en zien ze het als volwaardig. Aan dat proces heb ik een steentje bijgedragen. En ik heb er geen moeite mee niet bij deze generatie te zitten. Want de huidige internationals geven mij ook weer leuk werk. Veel wat ik doe, heb ik te danken aan het feit dat zij zo goed zijn.'

Dribbelende diva Martens zoekt haar vorm

23 juni 2019

Lieke Martens, in 2017 verkozen tot beste speelster van de wereld, mist topvorm tijdens het WK. Ze weet ook niet waarom.

Waar blijft de voetbaldans van Lieke Martens, de pingelaar met de paardenstaart, de dribbelende diva? De jonge vrouw die haar dribbelkunst meenam van Nieuw-Bergen tot Barcelona, ziet solo's stranden in wouden van benen, omsingeld als ze is.

De linksbuiten, in 2017 verkozen tot beste speelster van de wereld, zoekt naarstig naar vorm, met de achtste finale tegen Japan in Rennes aanstaande. Gelukkig voor Martens kan gevoel net zo snel terugkeren als het verdween, door een paar geslaagde acties, door een tegenstander die minder streng dekt.

In de aanloop naar het duel ondervindt ze steun van spits Vivianne Miedema: 'Ik ben blij dat de aanvoer vanuit het middenveld best oké is', zegt de spits. 'Natuurlijk, Lieke en Sjaan (Shanice van de Sanden) weten ook dat het beter kan. Maar in het totale spel zit al verbetering en in zo'n toernooi moet je even je draai vinden. Het wachten is op het moment dat het er tegen Japan uitkomt, bij ons allemaal. Voor een vleugelspeler is een doelpunt of een assist vaak al genoeg. Het kan zomaar omslaan.'

De verwachting vóór het WK was: Martens, Miedema en Van de Sanden moeten in topvorm zijn. In dat geval kan Nederland ver geraken. Inmiddels is drie keer gewonnen en heeft Miedema twee keer gescoord, maar van Martens zijn weinig fijnzinnige solo's te zien geweest, en de krachtdribbels van Van de Sanden zijn eveneens zeldzaam.

Martens zag bleekjes, rond de finale van de Champions League een maand geleden. Bij haar club Barcelona had ze geen topseizoen, mede door blessures. Ze kampt ook veel met heimwee. Haar seizoen was weerspiegeld in de kansloos verloren finale tegen Lyon. Daarna had ze even vakantie, ergens in Spanje, en meldde ze zich gebruind, fit en vol nieuwe energie in Zeist, terwijl haar biografie de hitlijst van het lezen beklom. En nu, tijdens het WK, wil de beste speelster van de wereld in 2017 haar verkiezing van toen waarmaken. Weinigen zijn zo ambitieus als Martens.

Af en toe was een glimp van haar klasse te zien, in de beginfase van wedstrijden vooral. De Cruijff-turn tegen Nieuw-Zeeland. Een paar solo's. Ze was speler van de wedstrijd tegen Nieuw-Zeeland, ook een beetje op reputatie. Dribbelend en drijvend is Lieke Martens op haar mooist, op haar best, op haar sierlijkst. Dan danst haar staart op het ritme van het spel. Dan spieden haar ogen naar afspeelmogelijkheid. Dan is haar technisch vermogen zoveel groter dan dat van de meeste anderen in het vrouwenvoetbal. Dan is zij de speler die de sport nodig heeft om de groei te verwezenlijken die nodig is.

Maar na aardige openingsfasen is het telkens over met haar. Alsof de muziek stopt omdat een onverlaat de stekker uit het contact trekt. Het mooie van dribbelaars is dat de toon van het spel ineens terug kan zijn, als bij een knip in de vingers. Japan is daarbij geen ploeg als Kameroen, dat haar 'blauwe benen' schopte, of Canada, dat de topper Lawrence opofferde om haar overal te schaduwen. Japan is een elftal van relatief kleine, begaafde vrouwen die voetballen en laten voetballen.

'Ik voel me niet uit vorm', zei Martens na Kameroen, toen haar wissel tegen Canada na zeventig minuten nog moest plaatsvinden. Ze wil vooral meer kunnen in de eindfase. Uithalen. Voorzetten geven. Ze weet zich vaak omsingeld en ingesloten, ook als gevolg van haar gegroeide status. 'Ik heb liever een tegenstander die me één meter geeft.' Ze weet dat de wereld op haar let. 'Voor het eerst hebben we te dealen met verwachtingen. Ik hoop dat mijn kwaliteiten snel zichtbaar zijn.'

Ook zelf voelde ze dat ze een paar keer wegzakte, na een aardig begin. 'Ik zoek het bij mezelf. Ik heb ermee te dealen dat tegenstanders me insluiten. Dat is al twee jaar een uitdaging voor me. Ik ben zelfkritisch. Dat moet ik anders invullen. Nog dynamischer zijn. Betere positiekeuze, om echt in mijn kwaliteit te komen, zodat ik met de neus naar voren kom, dat ik vanuit daar mijn actie kan maken. Zo ben ik het gevaarlijkst.

Het gaat ook om afstemming met spelers om me heen.' Met Miedema heeft ze een bijna telepathisch gevoel. Dat kan niet zomaar verdwenen zijn.

Alle wedstrijden zijn gewonnen. Zonder één assist van linksbuiten Martens. Met één assist van rechtsbuiten Van de Sanden. Stel dat de buitenspelers gaan draaien. Ja, wat dan. Eén tegen één moet ze het uitspelen, vindt ze zelf ook. Erlangs. Buitenom of binnendoor. 'Ik vind niet dat ik superslecht voetbal.' Ze is goed in de combinatie met Miedema. 'Dat kunnen wij heel goed. Inspelen en doorbewegen.'

Ze voelt dat het beter moet en beter kan. 'Ik verloor ballen waarbij ik mezelf niet herkende. Ik dacht: hier moet ik sterker zijn aan de bal. Dat ik beter kan, is duidelijk. Ik weet dat er heel veel van mij wordt verwacht. Laat ik er zelf rustig onder blijven. Ik ben nog lang niet door de ondergrens gegaan, maar dat er meer in mij zit, weet ik.'

Strafschop Martens redt WK-ambitie

25 juni 2019

Soms zit het mee met een strafschop. Soms zit het tegen. Tegen Japan zit het mee. Later in de finale tegen de Verenigde Staten zit het tegen.

Twee stijlen, twee prachtige doelpunten, talloze mislukkingen, spanning en een omstreden ontknoping. Japan was een beter, vaardiger elftal, maar Nederland ontsnapte naar de kwartfinales van het WK, dankzij een veelbesproken penalty, twee minuten voor tijd benut door Lieke Martens.

Nederland speelt zaterdag in Valenciennes de kwartfinale van het WK voetbal tegen Italië. Dat is de beste prestatie aller tijden voor de vrouwenploeg. De zege kwam gelukkig tot stond, door een strafschop kort voor tijd, toen Vivianne Miedema de bal keihard op de arm van aanvoerder Kumagai schoot.

Techniek leek te winnen van apathie. Klein van groot. Als ze dan zo graag leeuwinnen genoemd willen worden, lagen ze op apengapen. Suf getikt door technische superioriteit van de Aziatische vrouwen, wier spel vrolijk maakte en scheen ten opzichte van het doffe Oranje. Maar toen kwam die strafschop. Van zo dichtbij geschoten, tegen een arm die niet meer weg kan. Het blijft onvoorspelbaar wat de gevolgen zijn.

Nederland was dinsdag iets te veel Shanice van de Sanden. Het was bijna niet te tellen zo vaak als de rechtsbuiten de bal verspeelde, rare passes gaf of andere acties had die onbegrijpelijk waren. Zij is de extraverte voetballer van het elftal. Snel als ze is, binnen en buiten de lijnen. Koningin van social media, maar haar WK mislukt aardig op deze manier.

Met haar en Lieke Martens in topvorm is Nederland zowaar kandidaat voor eremetaal. Halverwege de tweede helft ruilde bondscoach Sarina Wiegman Van de Sanden in voor Lineth Beerensteyn, maar toen was Japan al bijna niet meer te houden. Sugita op de lat, Moniki die haar schot gestopt zag door Van Veenendaal. Japan speelde met Oranje, dankzij de overdosis technisch vermogen. En toen soleerde Beerensteyn één keer knap, legde ze de bal terug op de uithalende Miedema. Arm. Strafschop. Fluitconcert.

Nederland - Japan was soms mooi, al lukte het de Nederlandse spelers dan opnieuw niet om allemaal tegelijk goed te zijn, of desnoods met zijn achten of negenen. Al met al blijft het aanbod mager. Het duel voltrok zich op een heerlijk koele avond in het bijna volle stadion Roazhon, Rennes in het Bretons. Japan met zijn getik, met zijn rust in het spel, met zijn lange en rijke traditie in het vrouwenvoetbal. Japan was technisch beter en dat was op zich geen verrassing.

Oranje begon goed, met het redelijk snelle vastzetten, in de beginfase althans, met pogingen om diepte te zoeken, al is ook hier het breed en terugspelen te veel tot de specialiteiten van het huis gaan behoren. Jackie Groenen verzette veel werk op het middenveld en streed haar strijd met de andere nummer 14, de kwikzilverachtige Yui Hasegawa, de uitblinker die voor de aftrap slechts 99 minuten speelde dit toernooi.

Daniëlle van de Donk had af en toe mooie ingevingen, Merel van Dongen was linksachter met flair en Sherida Spitse hervond haar rust en eiste de bal telkens op, al is ook zij onovertroffen als het om ballen breed of terug gaat. Aanvalsleider Vivianne Miedema stond meer dan eens vergeefs met de armen te zwaaien, in de hoop dat de bal snel kwam. Maar nee. Weer breed. Weer terug. En in opbouwend opzicht kwam met name de defensie tekort. Het was weer paniekerig soms, onbezonnen en het liep geregeld maar net goed af.

Op de linkerflank speelde Lieke Martens beter dan Van de Sanden op rechts. Ze gaf fraaie voorzetten, al in de vijfde minuut bijvoorbeeld, waarna de te vaak onzichtbare spits Miedema via een verdediger de paal raakte. Martens' doelpunt na 17 minuten was prachtig. Ze verlengde een hoekschop van Spitse met de hak, waarna de bal via Sugasawa en de paal in het doel rolde. Een doelpunt dat alleen mogelijk is voor iemand met veel technisch vermogen en zelfvertrouwen.

Maar ja, de Japanse treffer, kort voor rust, was zo mogelijk nog mooier, na weer zo'n uitgesponnen aanval, waarin de bal snel, vaak in één keer, van voet tot voet ging, en waarbij Iwabuchi het geniale steekpassje gaf op Hasegawa, de groeibriljant van het Japanse voetbal. Ze schoot de bal met al haar overtuiging achter Sari van Veenendaal.

Japan, wereldkampioen van 2011 en tweede in 2015, vond steeds meer het ritme van het aanstekelijke tikitaka en had de wedstrijd na rust kunnen beslissen, toen Oranje eigenlijk tot bijna niets meer kwam en een beetje afwachtte op wat komen ging. Het was wachten op de dolkstoot van Japan, totdat scheidsrechter Borjas een strafschop gaf, Nederland euforisch was en het publiek, op de oranje kleur na, massaal floot van afkeuring. En Japan afscheid nam, met de hoogste vorm van sportiviteit. Klasse.

Een ketting van saamhorigheid

26 juni 2019

Oranje is een machine waarvan het olielampje waarschuwend brandt, maar met de motorkracht is weinig mis. Kwartfinales bereikt.

Ze staan allemaal in de kring voor de aftrap, tot veiligheidsman Eugène Lebon toe. De hele staf. Aanvoerder Sari van Veenendaal een paar passen naar voren. Ze klapt en schreeuwt bemoedigende woorden. Voor de aftrap zijn er innige omhelzingen. Sommige reserves doen een paar danspasjes.

Oranje gloeit uiterlijk van teamkracht. Er zal hier en daar best afgunst zijn op status of positie, maar de vrouwen zijn gezellig en aardig voor en met elkaar, ook naar tegenstanders toe. Verbroederend waren dinsdag in Rennes de gebaren van troost, bestemd voor de Japanse verliezers, na de ongelukkige nederlaag van de Aziaten door een omstreden strafschop.

Oranje omarmt op het WK de ongeschreven wetten van toernooivoetbal. Strijden, geluk afdwingen misschien. Elkaar iets gunnen. Slecht spelen en toch winnen. Lieke Martens wil dus de strafschop nemen. Een dialoog volgt. Mag ik, ik voel me lekker. Specialist Sherida Spitse: doe maar. Spitse vertelt na afloop dat ze heeft gedroomd over een strafschop van Martens. Acht doelpunten zijn in vier duels gemaakt door zes spelers: Miedema en Martens allebei 2, Bloodworth, Beerensteyn, Roord en Dekker. De laatste drie zijn reserves.

Verdediger Merel van Dongen vat de avonturentocht door Frankrijk goed samen, nu Italië tegenstander is in de kwartfinales: 'Soms moet je het hebben van een beetje geluk en heel hard werken. Als team bij elkaar blijven. Erin blijven geloven. Dan haal je het toch. Mij hoor je dan niet over zo'n strafschop.'

'Onze jacht', is het thema. De droom. Het gekke is: het spel loopt niet, of althans, niet zoals het zou moeten vloeien. Het is soms net alsof ze pas samen voetballen, terwijl ze al jaren bij elkaar zijn, terwijl ze in bijna dezelfde samenstelling het EK wonnen. Hele gaten vallen op het middenveld, ondanks de robuustheid van Spitse en het stoppende werk van Jackie Groenen, het olievrouwtje van het middenveld. Shanice van de Sanden, Daniëlle van de Donk, tal van anderen, ze blijven onder hun niveau, de een meer dan de ander.

Dat weten ze ook. Van Dongen: 'We zijn super zelfkritisch. Ik weet zeker dat Sarina (Wiegman, de bondscoach) straks in de bus alweer beelden zit te kijken.' Ze omschrijft de tocht: 'Je kunt niet van nul naar honderd in één dag. We zijn met een proces begonnen, zeg maar vanaf het WK 2015. Het gaat beter, de resultaten zijn goed, maar nu moeten we nog zo goed worden dat we 's werelds beste zijn. Dat zijn we nog niet. Dat is de volgende stap.' Jackie Groenen: 'We hebben weer gewonnen van een toptegenstander. Dat is ontzettend knap. Dat doen we hartstikke goed.'

Zo is dat. Gewonnen van Canada, vijfde van de wereld, en Japan, zevende. Nederland is achtste. Wiegman geeft spelers vertrouwen. Ze wacht lang met wisselen. Maar als ze Van de Sanden dan inruilt vanwege haar vormloosheid, verzoent die zich met haar rol en wenst ze invaller Lineth Beerensteyn vanuit de grond van haar hart succes. Beerensteyn loopt vervolgens een paar Japanse vrouwen voorbij en legt de bal terug op Miedema, die tegen de arm van Kumagai schiet. Spitse vindt dat Martens deze doelpunten nodig had. 'Dat is fijn voor haar.' De ketting van saamhorigheid trekt zijn spoor door Frankrijk.

'We gaan verder met geschiedenis schrijven', zegt Wiegman. En ook: 'Lieke behoort de strafschop niet te nemen omdat ze dat nodig had, maar omdat ze vol overtuiging was.' Wiegman prijst Spitse, om haar gedachte aan het teambelang.

Alles is mogelijk, als het zo doorgaat. Martens is twee keer uitgeroepen tot vrouw van de wedstrijd, terwijl ze nog niet eens zo goed is. De vraag is wat de ploeg kan als iedereen een topdag heeft. Feit is dat de prestatie al historisch is, op het tweede WK voor Nederland. Kwartfinales, na de achtste finales van 2015. Tien duels op rij gewonnen op een eindtoernooi. Dat is de mannen nooit gelukt, in hun veel rijkere historie. 'Uiteindelijk moet je soms een beetje geluk hebben', zegt verdediger Dominique Bloodworth. 'We hebben de overwinning over de streep getrokken. We hebben geschiedenis geschreven en daarop mogen we trots zijn. Soms maakt het niet uit hoe je wint.'

Vrouw maakt dienst uit in coachvak

27 juni 2019

De vrouwelijke coach past bij een nationale vrouwenploeg. Het WK lijkt het bewijs voor deze stelling.

De vrouwelijke bondscoach past beter bij een vrouwenteam. Ze is gemotiveerder. Ze heeft meer kennis. Ze is geen afdankertje bij de mannen. En toch krijgt de man vaak de voorkeur. Hoe kan dat?

Is vijf op acht niet overtuigend in de kwartfinales van het WK, vrijdag met de kraker Frankrijk - Verenigde Staten, getraind door Corinne Diacre en Jill Ellis? Of toch wel?

De cijfers spreken duidelijke taal. Het toernooi begon met 24 landen, getraind door vijftien mannen en negen vrouwen. De ruime minderheid van de vrouwen is dus omgezet in een meerderheid: vijf om drie. Toeval? De Nederlandse toptrainer Vera Pauw vindt van niet. Sinds 2000 zijn volgens haar alle belangrijke intercontinentale toernooien, op het WK van 2011 na, gewonnen door vrouwelijke bondscoaches (Pauw kan dan nog niet weten dat het in 2019 opnieuw gebeurt, als

Jill Ellis wint van Sarina Wiegman).

Toch kiezen bonden vaak voor een man voor de aan prestige winnende baan. Waarom? 'Dat vragen wij ons ook af', aldus de 57-jarige Hesterine de Reus, met Sarina Wiegman en Vera Pauw de enige vrouwelijke Nederlander met het hoogste trainersdiploma. Het aanbod is ook nog niet zo groot. 'Beleidsmakers zijn vaak nog mannen. Ze putten uit hun netwerk. Het komt zelfs geregeld voor dat vrouwen zich met een team kwalificeren voor een eindronde, en dat daarna alsnog een man wordt aangesteld.'

De Reus is in dienst van de Uefa, nadat ze eerder onder meer bondscoach was van Australië en Jordanië. Ze maakte het zelf meermaals mee dat ze een stap opzij moest zetten. 'Een dag nadat ik mijn contract ondertekende als coach van Australië, kwam bij de bond een brief binnen van de speelsters. Ze wilden liever een man als bondscoach. Ik was dus gewaarschuwd. Nadat we ons in 2014 plaatsten voor de eindronde van de Azië Cup, werd ik alsnog vervangen. En met de Chinese ploeg tot 20 jaar plaatste ik me voor het WK. Een mannelijke coach mocht het eindtoernooi doen.'

Want ook dat is een mechanisme volgens De Reus: gaat het goed met een vrouwenploeg, dan komt er meer geld vrij en verwerft die ploeg zich een plek onder de schijnwerpers. Op dat moment neemt de interesse van mannen toe. Geregeld zijn dat mannen van de tweede garnituur.

De Reus: 'Bij Engeland hadden echt topvrouwen gesolliciteerd.' Mark Sampson was ontslagen, omdat hij zich racistisch had uitgelaten over een speelster. De bond stelde daarop een man aan met weinig reputatie die nog nooit een vrouwenteam had gecoacht. De Reus: 'Vroeger was een baan als vrouwentrainer een smet op je cv, nu is het zeker voor iets mindere trainers een kans om toch met topspelers te werken.'

De toppers bij de mannen zoals Louis van Gaal, Guus Hiddink of Erik ten Hag, zullen niet gauw een vrouwenploeg trainen, ook vanwege het relatief magere salaris. De Nederlandse situatie is wat dat aangaat exemplarisch. Na Vera Pauw, die de nationale ploeg tien jaar geleden op de internationale kaart zette, volgden periodes met Roger Reijners en Arjan van der Laan, mannen die bij de mannen nooit een dergelijke topbaan zouden krijgen.

Reijners kwam van de destijds bijna failliete boedel van Fortuna Sittard, Van der Laan van FC Lisse. 'Voor hen was de vrouwenploeg ook een mogelijk opstapje.' Reijners was gedurende twee toernooien hoofdtrainer, Van der Laan werd redelijk snel ontslagen en vervangen door Sarina Wiegman. De vrouwen vonden hem best een aardige man, maar geen goede trainer.

Het vrouwenvoetbal telt grote trainers als Pia Sundhage, Hope Powell of Sylvia Neid. Vooral Duitsland heeft een duidelijk beleid. Alle vertegenwoordigende teams hebben een vrouwelijke trainer. Vaak is de nieuwe bondscoach zelf opgeleid, zoals dat bij de mannen ook gebeurt bij de DFB.

Het zij gezegd: ergens is de rekensom van de gewijzigde verhoudingen binnen dit WK ook niet helemaal eerlijk voor de mannen. De mindere landen uit Afrika en Zuid- en Midden-Amerika bijvoorbeeld hebben vaak een mannelijke bondscoach, maar hun spelersmateriaal is gewoon minder dan dat van de toplanden. Ook voor een vrouw zou het moeilijk zijn met deze landen de kwartfinales te halen.

En er zijn nog relatief weinig topvrouwen beschikbaar, door welke oorzaak dan ook. Eén daarvan is dat de cursus, zeker in Nederland, duur is. Voor een voormalige international bij de mannen zijn de kosten veel makkelijker te dragen dan voor een ambitieuze vrouw. De KNVB heeft in een nieuw beleidsplan de toelating van de vrouwen tot trainerscursussen tot speerpunt gemaakt.

De Reus: 'Het is van belang dat er ook op bestuurlijk niveau meer vrouwen komen. Dan zullen vrouwen ook als trainer meer kans krijgen. Een vrouw kent de sport door een door en houdt alle ontwikkelingen bij. Ze heeft vaak al jeugdploegen getraind, met gemengde teams of met de specifieke problematiek bij de vrouwen. Ze heeft vaak dubbel zo goed haar best moeten doen om een plek te krijgen, want op cursussen zijn mannen in de meerderheid. Zij koesteren nog steeds vooroordelen tegen vrouwen, omdat zij minder verstand zouden hebben van voetbal. Het is echt een uitdaging om alle weerstand te overwinnen. Als vrouw moet je steengoed zijn en steengoed blijven. Een stapje meer zetten, goed georganiseerd zijn. Een superdrive hebben. Dat zijn zoveel plussen. Maar die tellen niet altijd mee.'

Trainen tot je de beste bent

28 juni 2019

Niet alle internationals komt het talent aanwaaien. Dominique Bloodworth en Sherida Spitse investeerden veel in hun ontwikkeling.

Middenvelder Sherida Spitse kijkt veel naar beelden van Frenkie de Jong, die bij de mannelijke versie van Oranje op dezelfde positie voetbalt. Controlerend op het middenveld, vanaf links. Spitse (29) is een totaal ander type voetballer, maar ze leert van De Jong: aanbieden, bal vragen, wegdraaien. Dribbelen of spelen? Ze analyseert ook beelden van zichzelf, met een persoonlijke trainer.

Centrale verdediger Dominique Bloodworth (24) wil alleen feesten als ze vindt dat ze feest heeft verdiend. Ze is een bijna nooit tevreden trainingsbeest. 'Mijn grootste talent is mijn doorzettingsvermogen, mijn fanatisme. Ik ben nooit tevreden en dat is soms een valkuil. Maar daardoor haal ik wel steeds nieuwe hoogtes, en dat wordt dan telkens de nieuwe standaard.'

Zaterdag voetballen de internationals tegen Italië: inzet een plaats in de halve finales van het WK, tegen de winnaar van Duitsland - Zweden. Oogstrelend spel hebben de vrouwen niet laten zien in de vier gewonnen wedstrijden, maar over hun inzet bestaat geen twijfel. Groei is hun motivatie. Investeren in zichzelf. Persoonlijke trainers aantrekken. Trainen.

Dominique Bloodworth (meisjesnaam Janssen) viel vier jaar geleden een keer in tijdens het WK in Canada. Ze oogde houterig en wat traag, geeft ze meteen toe. 'Ik ben veel fitter geworden. Veel beter. Nu ben ik echt een topatleet. Als ik zeg dat een training zwaar is, weet Sarina (Wiegman, de bondscoach) dat de training echt zwaar was.' De Limburgse voetbalde eerst bij Essen in Duitsland en de laatste vier seizoenen bij Arsenal in Londen. Na het WK vertrekt ze naar Wolfsburg. Steeds een betere club.

Sherida Spitse had altijd al een uitstekende traptechniek. 'Bij de onder 15 gaf ik al lange ballen van achteruit, waardoor aanvallers zo konden doorlopen. Dat is altijd mijn kracht geweest: mijn passing, mijn rust aan de bal.' De Friezin is recordinternational met 166 interlands. 'Daarop ben ik trots, maar ik wil meer. Ik ben niet klaar.'

Bloodworth trok Frank Woerst aan als persoonlijk trainer, die haar geregeld bezocht in Engeland. Zo wilde ze een beter ruimtelijk inzicht krijgen in het veld. 'We proberen voordeel te creëren door oriëntatie. Wanneer zit er een tegenstander in mijn rug? Ik weet dan waar ik de bal naartoe moet spelen, waardoor mijn handelingssnelheid omhoog gaat.' Ze trainde ook oneindig op haar passing. Met links en met rechts.

Ze doet mentale spelletjes, om oog- hand/voetcoördinatie te verbeteren bijvoorbeeld. Twee tennisballen opgooien en ze op een bepaalde manier vangen. Of een oefening met een iPad. 'Dan passt Frank de bal naar mij. Gelijktijdig moet ik kijken op de iPad en zeggen wat ik zie. Een dier noemen bijvoorbeeld, en gelijktijdig de bal verwerken. Er zijn zoveel mensen op het voetbalveld. Je moet weten wat er om je heen gebeurt. Als centrale verdediger kan ik me geen balverlies permitteren op een bepaalde plek.' Ze is trots waar ze nu staat. Wolfsburg is een van de beste clubs in Europa. Ze is gegroeid van wisselspeler in Oranje naar de basisploeg.

Voor middenvelder Sherida Spitse is Frenkie de Jong het voorbeeld. 'Hoe hij positie kiest, hoe hij speelt. Of hij vooruit gaat of juist even de bal houdt of terugspeelt. Als ze allemaal op hem letten, krijgen anderen weer ruimte. Hij is intelligent.'

De Jong is een totaal ander type controleur, met een totaal ander imago. Toch probeert ze van hem te leren. 'Frenkie maakt acties om vrij te komen, op een simpele manier. Dat is zo mooi. Hij doet geen schaar om de schaar.'

Op haar niveau werkt ze aan dat soort zaken. Bal bij zich houden, tegenstander lokken en passen. Doorlopen en de bal weer krijgen. 'Bij mijn club Valerenga in Noorwegen heb ik soms veel ruimte voor me. Dan dribbel ik tegenwoordig ook door. Een paar jaar geleden zou ik direct passen naar de back, die dan onder druk kwam te staan. Dat doe ik nu minder. Dat heeft ook met die individuele coaching te maken. Ik kan wel dribbelen, maar bij Oranje is mijn taak anders. Ik moet de momenten vinden om sneller te passen of te dribbelen.'

Ze huurt de diensten in van Loran Vrielink, van het bedrijf Your Tactical Analyst. Vanuit Indonesië, waar hij een paar spelers bijstaat, zegt Vrielink aan de telefoon: 'We doen tactische training door videoanalyse. Bij clubs is die training vaak teamgericht. Wij werken individueel. Het gaat om kijken: sta ik vrij, hoe draai ik open? Hoe sta ik gepositioneerd als ik de bal krijg? Wanneer indribbelen, wanneer passen?'

Vrielink komt uit het basketbal en is docent lichamelijke opvoeding. Hij werkte met onder anderen de mannelijke toppers Stefan de Vrij, Jetro Willems en Leroy Fer. 'Alles is gebaseerd op tactiek. Van een wedstrijd nemen wij bijvoorbeeld 150 beelden. We maken clipjes. Die bespreken we, meestal via Facetime.'

Spitse: 'Het zijn kleine dingetjes. Ik kan soms beter opengedraaid staan.' Dat houdt in dat ze dan meteen naar voren kan spelen, zoals Frenkie de Jong dat zo fraai kan, in plaats van terug of breed. Het spel vóór zich zien, nog voordat de bal in bezit is. Net als Bloodworth is Spitse een andere, betere speler geworden. 'Ik ben fitter. Ik kan meer meters maken om aan de bal te komen of te passen.'

Dominique Bloodworth speelde vrijwel niet tijdens het WK van 2015 en het gewonnen EK van 2017. Dat moest anders. 'Ik heb heel hard gewerkt. Tijdens het EK was ik de enige speelster die voor de training al oefeningen deed in de gym. Ik mocht mezelf nooit iets verwijten.' In de finale tegen Denemarken mocht ze invallen. Dat was de beloning waardoor ze zich werkelijk onderdeel voelde van het kampioensfeest.

Spitse gelooft in de lessen van Loran Vrielink. Ze betaalt hem uit eigen middelen. Dat voelt toch anders dan bij de mannen, die veel meer salaris hebben. 'Maar ik ben altijd op zoek naar verbetering. Iedereen droomt nu van de wereldtitel. Als iedereen erin gelooft en de vorm laat zien, hebben we een heel goed team samen.'

Ze kijkt trouwens ook weleens beelden terug voor haar plezier. Bijvoorbeeld van het gewonnen EK, omdat het energie geeft. 'Ik denk, praat en zie alleen voetbal. Echt heel veel. Jolien (haar vriendin) wordt er soms gek van. Ik kijk met plezier, 's avonds op het bankje. Mannen- en vrouwenvoetbal. Bij de mannen zijn Ajax en Barcelona favoriet. Spelen, die bal laten gaan. Tik tik tik.'

Toernooiploeg bij uitstek

29 juni 2019

Na de relatief eenvoudige zege van het superfitte Oranje op Italië is Zweden tegenstander in de halve finales. Nederland speelt puur resultaatvoetbal, deze keer met twee succesvolle kopballen uit vrije trappen.

Een elftal dat verleden, heden en toekomst mengt tot fel oranje liet zich zaterdag heerlijk meeslepen door euforie, na de dubbelslag op het WK: plaatsing halve finale tegen Zweden, met kwalificatie voor de Olympische Spelen van Tokio als bonus.

Oranje was het equivalent van voetbal, zang, dans en sportgeluk. Al dat succes moest even indalen. In de oranje gekleurde braadpan van Valenciennes bleken Nederlandse vrouwen fitter en frisser dan die uit Italië. Meer trots dan verbaasd was bondscoach Sarina Wiegman na de 2-0, het gevolg van een vreselijke eerste helft met een parodie op voetbal, en een uitstekende tweede helft. Daarin liet de ploeg zien wat mogelijk is, ook tegen Zweden in de halve finale met perspectief.

Zo is toernooivoetbal. Gevolgen beperken als het minder loopt, toeslaan als het kan. Vandaar dat Wiegman meer trots is dan verbaasd. Ze weet wat haar spelers kunnen, al is menigeen nog steeds niet top dit toernooi. En dan is toch de halve finale bereikt. De Europees kampioen kan vrijwel iedereen aan. Elf duels op rij zijn inmiddels gewonnen op een eindtoernooi, een indrukwekkende, zeldzame serie.

Noorwegen, Denemarken, België, Zweden, Engeland, weer Denemarken (allemaal EK), Nieuw-Zeeland, Kameroen, Canada, Japan en Italië (WK). Vrijwel alle continenten verslagen, alle stijlen, alle kwaliteiten. Nederland zal sowieso een sprongetje maken op de wereldranglijst, gekomen van acht. Nederland bewijst zich als toernooiploeg bij uitstek. Nooit in paniek. Liefst aanvallend, eventueel op de counter, hoewel daarvan nog betrekkelijk weinig komt omdat Shanice van de Sanden en in mindere mate Lieke Martens niet zo goed zijn als op het EK.

De leeuwinnen, zoals ze zichzelf noemen, mogen naar de stad van de leeuw, Lyon. Woensdag, in de halve finale tegen Zweden. Een prestatie van formaat van een ploeg van stavast. Zelfs in zo'n eerste helft, zo slecht en slordig, met veel te grote ruimtes, met dribbels op verkeerde momenten en met passes naar niemand, is de zege nooit werkelijk in gevaar geweest. En dan is het spel opeens veel beter, na rust, zonder dat Wiegman veel heeft gezegd. Jackie Groenen is dan de stofzuiger die onvermoeibaar rommeltjes opruimt in het schijnsel van de zon. Daniëlle van de Donk ruziet de ene keer wat, en neemt de andere keer de bal geweldig aan, dood op de voet, en prikt hem op de lat.

Dan is zelfs de bekritiseerde Shanice van de Sanden eventjes goed. Ze geeft twee afgemeten voorzetten, als voorbode op wat komen gaat. Wiegman gaf toe dat Van de Sanden eindelijk beter begon te voetballen, maar op een gegeven moment moest ze Lineth Beerensteyn brengen, mede omdat het met de veelbesproken teen van Martens redelijk ging.

Als ze een keer allemaal tegelijk top zijn, kunnen ze de grootste prijs misschien zelfs winnen. Nu zit het mee en dat is perfect voor toernooivoetbal. Nederland belandde aan de goede kant van het schema. Geen Frankrijk en geen VS tot de eventuele finale, waarbij aangetekend dat de Amerikanen kwetsbaar waren tegen Spanje en Frankrijk. Het spel van Oranje valt gemiddeld genomen tegen, maar de vrouwen zeggen wat toernooivoetballers zeggen: dat het gaat om winnen.

Succes is daarbij maakbaar. Door hard trainen. En als het niet lukt met een vloeiende aanval of een perfecte counter, kan het ook anders. Alle goals in de knockoutfase zijn gevallen uit spelhervattingen. Daarop is veel getraind. Wiegman: 'We vonden dat we daaruit te weinig rendement haalden.' Het is te beredeneren. Goed trappen, goed koppen met lange Nederlandse vrouwen. Eerst een hoekschop en een strafschop tegen Japan.

Daarna twee vrije trappen tegen Italië, met Vivianne Miedema en Stefanie van der Gragt als koppers. Sherida Spitse als aangever met haar schitterende traptechniek, indraaiend of strak. De recordinternational houdt het spel soms op, maar met haar traptechniek is ze een van de besten, ook internationaal gezien. Spitse: 'Vrije ballen, corners, daarmee zijn we heel gevaarlijk.' Ze zoekt even oogcontact met de koppers. Jackie Groenen, vol respect: 'Ongelooflijk. Spelhervattingen zijn een van de krachten van ons team. Sherida legt de ballen neer waar ze wilt.'

Van der Gragt had al gezien dat Italië het niet ging volhouden. 'Ze probeerden tijd te rekken. Bij ons zag je juist tempo bij de ingooien. Ze kregen geen kans meer, dat is de beloning voor ons, dat we zo staan. Ik raakte de bal super, ik kon er goed tegenaan knikken.'

Vooral Lineth Beerensteyn is teleurgesteld. Zo goed ingevallen telkens, maar Van de Sanden blijft vooralsnog in de basis staan. 'Het is lastig. Als ik mee mag doen, doe ik gewoon mijn ding. Ik heb niet heel veel verwachtingen. Als ik die wel heb, valt het misschien tegen.' Maar Beerensteyn schikt zich, zoals ze zich allemaal schikken in de schemering van het succes. De halve finale van het WK is groter dan welk individueel belang ook, beseft iedereen.

Eindelijk naar de Olympische Spelen

29 juni 2019

Veel sporters dromen van de Olympische Spelen. Voetballers ook. De vrouwen debuteren in 2020, in Tokio.

De voetbalvrouwen van Oranje bereikten met hun kwalificatie bij de beste drie Europese landen tijdens het WK in Frankrijk hun nadrukkelijk uitgesproken doel: weer een deelname aan een groot toernooi. De Olympische Spelen van Tokio, in 2020.

Spits Vivianne Miedema vertelde na de zege op Italië dat ze als meisje voor de tv zat en mijmerde over de Olympische Spelen, dat ze tal van sporten probeerde om eens mee te kunnen doen. Tennis bijvoorbeeld. 'En ik wist niet dat het ook met voetbal zou gaan.'

Dat kan voor vrouwen sinds 1996 (Atlanta). Bondscoach Sarina Wiegman zei altijd te genieten van de Spelen, al kon ze op het emotionele moment van zaterdag even geen uitspringende evenementen noemen. Ze roemde de sfeer en de intocht van de landen bij het defilé, al zullen de voetballers daaraan waarschijnlijk niet deelnemen. Het voetbaltoernooi begint, vanwege het aantal rustdagen tussen wedstrijden, al voor de openingsceremonie, in verschillende steden.

Bij het vrouwentoernooi doen twaalf landen mee. Het is een groot toernooi, zonder restricties. Bij de mannen beschermt de Fifa het WK, door alleen spelers tot 23 jaar te laten meedoen aan het olympisch toernooi, aangevuld met een paar dispensatiespelers. Nederland voetbalde bij de mannen voor het laatst mee in 2008, toen de ploeg met bondscoach Foppe de Haan in de kwartfinales verloor van de latere winnaar, Argentinië met Lionel Messi.

De vrouwen maken hun debuut en zijn, door de Europese kracht, meteen kanshebber op eremetaal, nu concurrenten als Frankrijk en Duitsland al zijn uitgeschakeld.

Verdediger Stefanie van der Gragt, die de 2-0 inkopte tegen Italië, deelde gedachten: 'We hadden de Olympische Spelen een beetje achter ons gelaten voor deze wedstrijd. Ons doel voor deze wedstrijd was de halve finale van het WK bereiken. Bij winst waren we ook zeker van de Spelen. Het is echt fantastisch.'

De vorige Spelen gingen net aan Nederland voorbij. Nederland mocht na het WK in Canada een kwalificatietoernooi houden, waarin de ploeg op de laatste dag met Zweden uitmaakte welk land naar Rio de Janeiro mocht. Het duel eindigde gelijk, voor Zweden genoeg voor plaatsing. Zweden, woensdag tegenstander in de halve finales van het WK, bereikte destijds de olympische finale, die verloren werd van Duitsland. De Europese afvaardiging zal bestaan uit Groot-Brittannië, Zweden en Nederland.

Het contract van Wiegman loopt tot en met Tokio. 'Als coach mag ik naar de Olympische Spelen. Dat had ik voorheen nooit durven dromen. Ach, er is zoveel gebeurd. Af en toe moeten we eens in een arm knijpen, of het allemaal echt waar is. Allerlei dromen komen uit.'

Passie leidt Oranje naar finale WK

3 juli 2019

Wat niemand werkelijk had verwacht, gebeurt toch: Nederland bereikt de finale van het WK, met de kampioenen uit de Verenigde Staten als tegenstander.

De vrouw die nooit schiet, de vrouw die vond dat ze beter moest leren schieten, ja die vrouw, die schoot woensdag. Zomaar. Een laag schot van Jackie Groenen, van even buiten het strafschopgebied, diagonaal, bracht Nederland woensdag in de finale van het WK vrouwen.

De finale? Ja, de finale. De eerste bij de vrouwen, na drie van de Nederlandse mannen. Zondag, tegen de Verenigde Staten. Hoe ze het doen, doen ze het. Jackie Groenen, idolaat van Johan Cruijff, dribbelaar, balafpakker, toekomstig speler van Manchester United, kreeg de bal in de eerste verlenging van de halve finale tegen Zweden wat gelukkig mee. Ze dribbelde. Vroeger als kind dribbelde ze zo veel dat ze vergat te schieten. Dan gaf ze de bal aan de jongens in haar team. Zij schoten wel.

Maar nu, op het WK, mogen geen jongens meedoen. Ze

keek om zich heen. Niemand in de buurt. Zou ze schieten? Ja, vooruit. Goed schot, in de hoek, buiten bereik van doelman Lindahl. Doelpunt. Ja, het was dus spannend in Lyon, de halve finale van het WK. Nederland had al elf duels op rij gewonnen tijdens eindtoernooien, dus waarom zou dat anders gaan in wedstrijd 12? Voor het eerst was een verlenging nodig. De vrouwen streden tot ze helemaal leeg waren, en die strijd zelf was het aanzien waard. Fantastische strijd. Maar in speltechnisch opzicht was het behelpen geblazen.

Het was lang voetbal om vooral niet te verliezen. Een wedstrijd die eeuwig kon duren en een impuls nodig had. Shanice van de Sanden dus in het veld, gebrand op haar revanche, op het moment dat de ruimtes zich openden. De ruimte waarvan Jackie Groenen later gebruikmaakte.

Veel op een toernooi loopt anders dan verwacht. Een schot van Groenen dus. Dan denk je als land twee aanvallers uit het topsegment te hebben op de vleugels; zijn ze uit vorm of niet fit. Van de Sanden op de bank, in de stad nota bene van haar club, Lyon. Lieke Martens, geblesseerd aan een teen, werd gewisseld tijdens de rust. Lineth Beerensteyn en Jill Roord waren even de beoogde aangevers van spits Vivianne Miedema.

Totdat Van de Sanden weer inviel, na 70 minuten, toegejuicht door duizenden. En toen dacht je toch: zij gaat de wedstrijd beslissen met haar oranje schoenen, snelheid en opportunisme, haar durf om zelfs als ze helemaal niet in vorm is te doen wat haar intuïtie haar ingeeft. Tot dat moment moesten de onverzettelijke verdedigers Stefanie van der Gragt, Desiree van Lunteren en Dominique Bloodworth desnoods ballen wegrammen.

Enfin. Immens was het verschil met de halve finale van dinsdag tussen de Amerikanen en Engelsen, in de sterke helft van het schema, zoals de kenners plegen te zeggen. Het tempo, de kwaliteit van de passing, de beweging, het atletisch vermogen, het was een andere wereld. Zweden was het eerste uur beter en dacht de mogelijk winnende treffer te maken, maar Sari van Veenendaal kreeg een vingertopje tegen de schuiver van Nilla Fischer, zodat de bal tegen de paal eindigde.

Dat was het geluk dat het elftal van bondscoach Sarina Wiegman vaker had dit toernooi. Geluk reist als een gids mee door Frankrijk. Alhoewel? Even later kopte Vivianne Miedema stijlvol in na een hoekschop van Sherida Spitse, en was het aan de andere keeper, Lindahl, om de vingertoppen te gebruiken. Lat, deze keer. Het was overleven in plaats van leven. Verrassing ontbrak, technisch vermogen bij sommigen. Ja, met spelhervattingen zijn een paar wedstrijden gewonnen in de tweede fase, van Japan en Italië. Maar dan is daar altijd die strijd, en deze keer dus dat schot van Jackie Groenen uit Poppel, eens bijna Belgisch international, of de slimheid van Daniëlle van de Donk, of de onversaagdheid van Stefanie van der Gragt.

Zie ook de mistroostigheid van Lieke Martens, de dribbelkunstenaar als ze in vorm is, de beste speelster van de wereld na het gewonnen EK van 2017. Nu oogde ze onzeker en was ze bang in de duels. Op het fietsje zat ze tijdens de warming-up vanwege haar alsmaar pijnlijker teen, en na rust was ze vervangen door Roord. Van de Sanden was voor de wedstrijd al ingeruild door Lineth Beerensteyn, die eindelijk haar opwachting maakte in de basisploeg. Het zegt eigenlijk genoeg. Martens en Van de Sanden, de sterke vleugels die het WK moesten maken.

Keeper Sari van Veenendaal heeft een wat onorthodoxe stijl, maar ze redde meermaals fraai, onder meer op de schuivers van Hurtig en dus Fischer. De passie hield Oranje overeind. En toen kreeg Jackie Groenen de bal, na bijna honderd minuten. Ze dribbelde kort en schoot. De rest is geschiedenis. De toekomst begint zondag om 17.00 uur in Lyon, bij de finale van het WK tegen Amerika. Hoe Nederland die moet winnen, Joost mag het weten. Maar met Oranje in Frankrijk gebeuren wel meer vreemde dingen.

Goed voetbal mag, vechten moet

4 juli 2019

De vrouwenploeg voegt een nieuwe kwaliteit toe aan de rijke historie van het Nederlandse voetbal: de vechtjas. Als het technisch en tactisch niet vlot, staat er een trots, onvermoeibaar strijderscollectief.

Vechtmachine was het eerste betekenisvolle woord van bondscoach Sarina Wiegman op Twitter om de ongelooflijke reis door Frankrijk de beschrijven. Oranje staat in de WK-finale tegen de Amerikanen, zondag in Lyon. Het Nederlands team als een nooit opgevend, saamhorig strijderscollectief. Opofferingsgezind, met bescheiden ego's. Niet bepaald factoren waaraan je het eerst denkt bij Nederlands voetbal.

Het voetbal van de WK-finalist valt tegen, in technisch opzicht zeker, en tactisch eigenlijk ook. Het is voorspelbaar, angstig soms en met veel fouten. De beoogde toppers Lieke Martens en Shanice van de Sanden spelen een bijrol. Maar het verleden is hoogstens een lastje, geen last. De norm voor de vrouwen is nog onder constructie. Dat is lekker voetballen. Onbevlekt.

De mannen bereikten de WK-finale drie keer, waarbij de eerste keer in 1974 een slagschaduw wierp over alles dat komen ging. Johan Cruijff, Rob Rensenbrink, Willem van Hanegem en co speelden aanvallend wondervoetbal. Zij verhieven voetbal naar het museum van herinneringen. Natuurlijk hadden ook zij vechters als Johan Neeskens, alleskunner Van Hanegem zelf, Wim Rijsbergen en Wim Suurbier. Schitterende vechters zelfs, maar met knokkers alleen was Oranje nooit de wereld overgegaan. Latere bondscoaches als Bert van Marwijk en Louis van Gaal ergerden zich aan de voortdurende verwijzingen naar vroeger, als het om de esthetische waarde van hun voetbal ging. Hun spelers waren minder. Begreep niemand dat dan?

De vrouwen hebben één speler die international werkelijk tot de verbeelding sprak vóór het WK: uitblinker bij de Europese titelstrijd Lieke Martens, al kunnen Jackie Groenen en Vivianne Miedema aardig mee in statuur. Martens liep mank na de zege op Zweden. Onzeker voor de finale.

Jill Roord verving haar. Een vechter, een combinatiespeler. Ze voetbalde hangend op links en wisselde veelvuldig van positie met aanvallende middenvelder Daniëlle van de Donk. Een middenveld met vier opeens, met meer dynamiek, dat pakte goed uit tegen Zweden.

De kring van saamhorigheid voor de aftrap, met de hele staf inclusief veiligheidsman, is de metaforische ring van ondoordringbare onverzettelijkheid. Bij alle tegenstanders staan alleen de basisspelers voorover gebogen bij elkaar. Bij Oranje iedereen.

Wiegman benadrukt de rol van allen. Ze was zelf een teamspeler bij uitstek. Een vechter. Een bijter. Zij heeft zichzelf geprojecteerd op het elftal. 'Zo heb ik altijd gevoetbald, in de wetenschap dat je samen meer kunt bereiken dan alleen.' Ze leerde als speler in de Verenigde Staten. Winnen. Samenwerken. Alles geven.

Die ijzeren wil om te winnen, nu al twaalf duels op twee grote toernooien, is de gouden kracht. De yell, op de tribunes bijna hoorbaar, is smeerolie voor het succes. Telkens blinkt een ander uit. Telkens scoort een ander.

Matchwinner Jackie Groenen laafde zich aan tips van onder anderen Pierre van Hooijdonk, dat ze zichzelf zeker drie keer per wedstrijd in schietpositie moest brengen. En zie: als niet-schutter scoorde ze met een schot. Kijk naar Sari van Veenendaal, de keeper. Ze gooit zich overal voor en huilt heerlijke tranen als ze wint.

De vrouwen zijn blij. Ze dansen door het leven, in het hotel. Ze zijn fris. Ze zijn niet belast met het verleden, dat ze moeten winnen en tevens goed moeten voetballen. Ze voelen geen erfenis van de Oranje-machine, die zondag precies 45 jaar geleden de eerste finale speelde (en verloor), tegen West-Duitsland.

De vrouwen zijn pas een jaar of twaalf min of meer dagelijks met voetbal bezig, sinds de oprichting van de eredivisie. Ze liggen cultuurtechnisch decennia achter bij de mannen. Ze leefden met hun meisjesdromen, opdat ze eens met voetbal een boterham konden verdienen. Dat hoefde niet per se met hemels aanvalsspel. 'We willen graag de bal. We zijn Nederland', zei Van Veenendaal. Maar de noodzaak ontbreekt en de gesel van kritiek is redelijk mild. Er is geen vroeger. Vroeger was er namelijk niets.

En dus staat Merel van Dongen intens te genieten na de zege op Zweden. Ze weet dat ze beter moet, dat ze te veel balverlies lijdt, dat haar rechterbeen niet goed genoeg is en dat ze niet de snelste is. Maar kom op. Ze mocht niet eens mee naar het EK. Nu is ze basisspeler. Hoe ze zondag als linksback Tobin Heath moet afstoppen, is een zorg voor morgen. Mag ze nu even genieten?

De aanval en het middenveld zouden Nederland ver brengen. De verdediging moest gewoon één doelpuntje minder incasseren dan de paradepaardjes voorin zouden maken. Maar Martens en Van de Sanden spelen de tweede viool, terwijl ze de orkestleiders hadden moeten zijn. Het middenveld is goed. Die kleine Van den Donk rent, sprint, glijdt, blokt. Haar genialiteit gaat geregeld schuil achter haar heerlijke vechtersmentaliteit. Groenen begon het toernooi matig. Ze is elke wedstrijd beter. Haar veelzijdigheid ontbolstert.

Centrale verdediger Stefanie van der Gragt, met een vlag om haar lijf gedrapeerd, verklaarde Oranje nader: 'We hebben gevochten als leeuwinnen, we vechten voor elke meter. Aan de bal kan het beter, maar wat maakt het uit. Wat boeit het. Als het voetballend niet gaat, hebben we een andere kracht. We zijn zo sterk als team dat we het volhouden tot het einde. We kunnen in de 120ste minuut nog alles geven, zoveel meters maken. We gaan opnieuw alles geven, nog één wedstrijd. We kijken ook steeds per wedstrijd. Gaat het met mooi voetbal, dan gaat het met mooi voetbal. Anders niet.'

Dat is eigenlijk het evangelie, gevoegd bij uitstekende fitheid, opgedaan bij de clubs en in de strenge voorbereiding in Nederland. Nog één keer met energie smijten, tegen die andere vechters, de huizenhoge favoriet uit Amerika. Hoe het ook afloopt, de oranje vechtmachine zal strijden tot de laatste druppel brandstof.

Beheersing en de bondscoach

5 juli 2019

Als bondscoach is Sarina Wiegman hard, maar ook zorgzaam. En de rust zelve, ook in de aanloop naar de WK-finale van zondag. Dat was als speelster wel anders.

Ze zijn al trots met de finale, de staf en spelers van de nationale ploeg, maar ze willen meer: de finale winnen. Vandaar dat ze in een persbericht lieten opnemen alleen een rondvaart of zo te willen bij de wereldtitel. Ja, dat was anders bij de mannen in 2010, die met de tweede plaats honderdduizenden naar Amsterdam trokken. 'Als je een beker wint, mag je feesten', spreekt bondscoach Sarina Wiegman de gezamenlijke mening uit.

De finale nadert ras, maar de bondscoach is bijna volmaakt rustig en in balans. Noem het zen. 'We doen alles precies hetzelfde als bij andere wedstrijden', zegt linksachter Merel van Dongen. 'De meetings zijn hetzelfde, de tijdstippen ook. Sarina is misschien nog rustiger dan voor andere wedstrijden.'

'Dat klopt', zegt Wiegman in een prachtig hotel buiten het

centrum van Lyon, de stad van de WK-finale tegen de Verenigde Staten. 'Ik heb mezelf getraind rustiger te zijn. Een team heeft een beheerste coach nodig.' Nee, ze zal nooit langs de lijn stuiven als Diego Simeone, de trainer van Atlético Madrid. 'We bereiden ons top voor. Ik volg ook mentale training, om rustig te zijn in mijn kop. Ik praat ook met veel coaches. Wat doen mensen om te functioneren?'

Het is geen toeval dat Wiegman eens trainer zou zijn. In 2001 huldigde toenmalig bondscoach Louis van Gaal haar voor de honderdste interland als speler. Hij voorspelde dat ze een goede trainer kon worden. Ze was middenvelder, een bijter, ze regelde veel in het veld. Ze werkte in het onderwijs. Precies wat hij, Van Gaal, ook allemaal had gedaan, al was hij dan niet zo'n bijter. 'Maar ik was toen niet zo rustig', zegt Wiegman nu. Ze was een speler die alles gaf en anderen terechtwees. Ze schreeuwde. Dat wilde ze niet als trainer. Ze leerde zich te beheersen. Ze wil dat assistent Arjan Veurink haar een por geeft als ze te veel staat te 'blèren'. 'Dat is pas één keer voorgekomen en dat was niet op dit toernooi. Ik zal nooit als een gek langs de lijn lopen. Ik wil zo goed mogelijk observeren.'

Natuurlijk kan ze soms hard zijn. Dat moet. Het is het moeilijkste aan haar vak. Tegen Shanice van de Sanden zeggen dat ze reserve is in de halve finale, in haar woonplaats Lyon. Van de Sanden mocht even naar de trainerskamer komen. Wiegman deed het gesprek samen met assistent Veurink.

Middenvelder Daniëlle van de Donk voetbalde matig in het begin van het toernooi. Ze wilde alles doen en overal zijn. Ze wilde zo graag aan de wereld laten zien wat ze kon. Ze was gespannen en sprak een uur met Wiegman, in de tuin van het hotel. Van de Donk zegt: 'Ze is heel hard, direct en eerlijk, maar ook heel lief. Het is soms ook nodig om te horen wat je wel goed kunt.' Van de Donk ging na dat onderhoud beter voetballen. Ze voelt zich top nu. Met al haar flair zegt ze dat de Amerikanen wat arrogant overkomen in de aanloop naar de finale.

Woensdagavond laat, bij de persconferentie na de gewonnen halve finale tegen Zweden, vroegen ze Wiegman wat het betekent dat voor het eerst twee vrouwelijke trainers in de finale staan. Wiegman en Jill Ellis van de Amerikanen. Ze antwoordde dat het mooi en belangrijk is dat vrouwen op belangrijke posities terechtkomen, ook buiten het voetbal. Maar ze tekende ook aan dat vrouwen 'het lef moeten hebben om de kansen te grijpen die ze geboden krijgen'.

Ze voelt loutering, zeker nu ook de Olympische Spelen zijn bereikt. De Europees kampioen tegen de wereldkampioen in de WK-finale is het mooiste affiche dat er is, zo omschrijft verdediger Dominique Bloodworth het cachet van de wedstrijd. Wiegman: 'We zijn geen favoriet, maar we staan er en we gaan ervoor. Het is een op zichzelf staande wedstrijd.' Dat finalegevoel is onbeschrijfelijk en zij mag dat proberen in banen te leiden. Want menigeen kan het nog nauwelijks geloven.

De reis is bijna niet te bevatten. Merel van Dongen stuurde eens een brief naar Ajax, waarom ze niet op de talentendagen mocht komen. Ze kreeg een brief terug. 'Als jij geld wilt verdienen met voetbal, moet je naar Amerika.' En nu speelt ze de finale van het WK tegen Amerika.

Over de tactiek geeft de bondscoach nog weinig prijs. De eerste fase overleven. Misschien laat ze nog een mooi motivatiefilmpje zien vooraf. Ze is op haar plaats. Eens zal ze misschien een mannenploeg trainen. Bloodworth: 'Ik denk wel dat ze de hardheid heeft die in de mannenwereld wordt gevraagd.'

Oranje zwicht voor machtige VS

7 juli 2019

Een uur lang kan Oranje de Amerikanen tegenhouden, tot een strafschop het verzet breekt. Maar de WK-finale (2-0) is een ervaring uit duizenden.

De vechtmachine verloor in Lyon van de voetbalmachine, en dat was voor het spel maar beter ook. Oranje kraakte en piepte in haar voegen en rolde over gevaarlijk terrein, totdat de brandstof op was en de videoarbiter hielp met een duwtje naar beneden dat anders ook was gekomen.

De verloren WK-finale (2-0) tegen de Verenigde Staten, het vierde finaleverlies inclusief de toernooien van de mannen, was ook een wijze les voor de Nederlandse vrouwenploeg. De internationals hebben in pakweg tien jaar veel stappen gezet en ze mogen trots zijn dat de finale van het WK is bereikt, al zat het dan mee, tegen Japan bijvoorbeeld en met de 'makkelijke' helft van het speelschema.

De les is vooral dat Nederland nog beter moet leren voetballen. Technisch, aan de bal, qua fitheid ook, hoeveel progressie er ook al is geboekt. De tactiek was goed, de uitvoering was uiteindelijk niet vol te houden. Het balverlies was legio, de zogenoemde topspelers met buitengewone kwaliteiten waren te weinig in vorm. Lieke Martens, Daniëlle van de Donk, Shanice van de Sanden: van hen viel veel te weinig te genieten dit toernooi. Zo kwam Nederland zondag vrijwel nooit tot fatsoenlijk aanvalsspel en was de bal telkens weer net zo snel terug als hij was weggetrapt. Deze druk was niet te weerstaan voor de oranje muur. Keeper Sari van Veenendaal zag telkens andere Amerikanen voor zich opduiken.

De beslissende strafschop na een uur was gemakkelijk gegeven doch wel begrijpelijk, zoals de Amerikanen tegen Spanje twee strafschoppen eenvoudig kregen, alsof de arbitrage het helemaal niet zo erg vond dat de ploeg de titel prolongeerde. Discussie zal er altijd zijn in zulke gevallen en door de komst van de VAR verandert de aanvankelijke beslissing van de scheidsrechter (niets aan de hand) geregeld in een penalty.

Stefanie van der Gragt was haar oriëntatie kwijt en raakte spits Alex Morgan, die in haar loop naar de bal slim tegen het hoog geheven been aanrende, met de ogen dicht. Tja. Scheidsrechter Stéphanie Frappart schakelde de VAR in en die vond het een penalty, benut door Megan Rapinoe, die dus niet naar het Witte Huis gaat om de hand van Trump te schudden.

Het voordeel voor de eenzijdige wedstrijd, met de veel betere Amerikanen, was dat Nederland met nog een half uur te gaan nu moest aanvallen, dat de aanpak van straffe defensie nu in één klap waardeloos was. Dat de ploeg niet meer alleen kon tegenhouden, om nog iets van de finale te maken. Dat was tot dan goed gelukt, in defensief opzicht. Maar even na de beste kans voor Oranje, waarbij Miedema na een aardige solo te lang wachtte met schieten, verspeelde Van de Donk de vrije bal te makkelijk op het middenveld, zoals ze dat eigenlijk het hele toernooi te vaak deed. Rose Lavelle, een heerlijke dribbelaar, schoot de bal hard en geplaatst in.

De Nederlandse tactiek was totaal anders dan voorheen. Dominique Bloodworth was in plaats van linker centrale verdediger nu linksback, omdat bondscoach Sarina Wiegman Merel van Dongen niet in staat achtte Tobin Heath te bespelen. Dat was een begrijpelijke gedachte. Routinier Anouk Dekker vormde het centrum met Stefanie van der Gragt, een van de besten van Oranje dit toernooi, symbool voor de onverzettelijkheid van de ploeg. Ze gaven alles in fascinerende lijf-aan-lijfgevechten met Alex Morgan en co. Hoewel het krachtsverschil aanzienlijk was, ontspon zich een interessant gevecht. Kon Oranje dit volhouden? Hoelang?

Maar ook verder was alles anders. Lineth Beerensteyn was in het tactische plan de diepste aanvaller, Vivianne Miedema acteerde daar wat achter, tussen de linies zogezegd, met Martens vanaf links en Van de Donk op rechts. Jackie Groenen en Sherida Spitse waren de controleurs. Het liep aardig, vooral in verdedigend opzicht. Nederland vrat zich in de wedstrijd, en kwam geregeld als winnaar uit de persoonlijke duels.

De vrouwen overleefden de eerste twaalf minuten, waarin de Amerikanen telkens scoorden in hun zes voorgaande duels.

Ze overleefden zelfs de eerste helft. Alleen kwamen de Amerikanen steeds dichter bij een doelpunt. Sari van Veenendaal redde een paar keer geweldig, al had ze eenmaal geluk dat de bal via de paal terugrolde in haar handen. Nederland kwam nauwelijks onder de druk uit, omdat het balbezit veel te kort duurde. Elke keer dat eenvoudige balverlies, dat kon niet goed blijven gaan. Niet kloppende passes. Overal een stapje tekort.

Eigenlijk kreeg Nederland niet één echte kans, op die niet geschoten bal van Miedema na. Natuurlijk waren er tranen na afloop, maar die mogen snel gedroogd. Nederland heeft zeker in prestatief opzicht een geweldig toernooi gespeeld, met zes gewonnen duels op rij en een uur de nul gehouden tegen de Amerikanen.

Het is tijd voor vakantie, en dan opnieuw het trainingsveld op. Beter worden. Nog beter, om meer weerstand te kunnen bieden aan het beste voetballand van de wereld bij de vrouwen.

De aller-, allerbeste Sari

7 juli 2019

Het WK was toch een beetje het toernooi van Sari van Veenendaal. Een eerbetoon, tot slot.

Sari is altijd op zoek naar de beste Sari die ze kan zijn, zei ze onlangs in een interview. Dat was een typische zin voor Sari van Veenendaal, tijdens dit WK. Dus daar staat op een zondag in Lyon na de verloren WK-finale opeens een vrouw met een oranje bandje in het haar op het podium, met een hele grote, gouden handschoen. Sari van Veenendaal is uitgeroepen tot beste keeper van het WK. Ze heeft de aller-, allerbeste Sari van zichzelf gevonden.

Als hij dan toch zo graag een muur wil, president Trump, laat hem dan Sari inhuren, de eenvrouwsmuur, zo was de grap op social media. Tja, zonder Van Veenendaal was de finale in een nulletje of vier geëindigd. Ze is zonder club, reageerden buitenlandse verslaggevers verbijsterd. Hoe kan de beste doelvrouw van de wereld nu werkloos zijn? Simpel, dat zit zo.

Sari wilde weg bij Arsenal. Daar zat ze ook een tijdje op de bank, want Arsenal wil een keeper die het spel met overleg opbouwt. Daarvan is ze niet zo. Dat kan ze niet zo goed. Sari houdt vooral ballen tegen. Hoe, dat maakt niet zoveel uit. Haar stijl is te omschrijven als soms wat chaotisch, doch efficiënt.

Ze deed bovendien iets wat mannen vaak doen. Grofweg: mannen met aflopende contracten spelen eerst een WK. Zij gokken. Zij zijn over het algemeen vol zelfvertrouwen, al dan niet gespeeld. Stel dat zij uitblinken, dan gaan ze na dat WK een ontzettend dik contract tekenen. En als ze niet zo goed zijn als ze hadden gehoopt, vinden ze ook wel weer een aardige club.

Vrouwen doen dat anders. Zij willen vooraf zekerheid. Zij overleggen meer met zichzelf. Velen van hen, ook de Nederlandse internationals, tekenden al voor het WK een nieuw contract. Hadden ze dat alvast op zak, konden ze zich helemaal richten op het WK. Behalve Sari. Sari besloot af te wachten. Ze kon meegaan met de theorie van journalisten, dat zij daarbij een mannentactiek hanteerde. Ze was er vast van overtuigd dat ze een club zal vinden. Ze heeft gelijk. Ze kan oogsten nu. Ze is de beste.

Sari heeft een goede uitstraling. Ze volgde Sherida Spitse op als aanvoerder. Ze stond altijd voor de anderen in de kring voor de aftrap, en dan moedigde ze aan, terwijl ze keihard in haar handschoenen klapte. En ze keepte dus voortreffelijk. Zo goed, dat ze er een gouden handschoen voor kreeg.

Sari deed vroeger aan alle sporten, maar ze ging uiteindelijk op voetbal. Haar ouders vonden dat goed. Ze eisten alleen dat ze haar uiterste best zou doen. Sari ging in het doel staan, omdat ze niet tegen verlies kon en perfectionist was. Ze dacht: als ik ga keepen, kan ik misschien wel alle ballen tegenhouden. Dat bleek een illusie. Ook een keeper maakt fouten en soms vliegt een onhoudbare bal in het doel.

Als kind dacht ze ook dat ze de wereld kon redden in het doel. Ook dat is een illusie, weet ze inmiddels.